高雄找廟趣

尋訪年輕城市的信仰足跡

郭麗娟◎著

鄭恒隆◎攝影

高雄市政府文化局 策劃

晨星出版編輯 發行

廟宇：常民生活的起點

　　寺廟，是在地人民生活情感交換中心，也是居民精神撫慰的場所；廟口的阿公永遠有說不完的故事，而廟埕聚集的攤販，永遠是當地小吃的指標。每到神明生日或特定節日，謝神的野台戲或藝陣，甚至演化成當地特色，聚集了成千上萬的人潮，晉階國際鎂光燈聚焦的舞台。

　　認識廟宇，可以從信仰著手，也可以從寺廟本身的建築、工藝或背後代表的聚落歷史故事開始。

　　縣市合併之後，高雄市的寺廟在內政部的全國宗教資訊系統當中登錄超過1400筆，約佔全台10分之1強。本次文化局出版這本介紹高雄市寺廟的書，則選出當中已指定登錄為古蹟或歷史建築的寺廟為文介紹。包括了國定古蹟－鳳山龍山寺、市定古蹟－旗後、楠梓、旗山3座天后宮、還有屬於客家特色、較少人熟知的庄頭伯公和全臺僅有3座的美濃里社真官、以及廣善堂與五穀宮、還有以宮內諸多彩繪、剪黏等藝術聞名的高雄代天宮等共11處廟宇。期望民眾到寺廟參拜、遊玩的同時，也能從古蹟、歷史建築的角度瞭解寺廟。

　　廟宇與民眾信仰及生活空間密不可分。從廟宇的發展歷史、建築格局與工藝美學，即可看出在地居民獨特的聚落人文特質。本書作者郭麗娟女士，長期採訪文學創作、傳統工藝、並投入臺語創作歌曲文史研究十餘年，對此領域深耕已久。

　　本書經由她細膩柔美的文字，引導讀者的目光流連於這些廟宇獨特的工藝之美，尤其她訪問廟方和當地耆老時總好奇地一一詢問相關壁畫、泥塑剪黏描述的故事及碑文陳述的歷史，因此本書蒐集了相當多的一手資訊；有時採訪過程當中碰到好幾種說法，郭女士也總不厭其煩一再求證；其次，本書最獨特之處，更收錄了幾位為廟宇巧手裝扮的藝師工匠生平，讓讀者欣賞寺廟工藝之美的同時，能夠明白幕後推手的心血，肯定其付出的努力。而本書為方便讀者按圖索驥，更置入大量精美圖片，版面編排也採「圖隨文走」，好讓讀者對照觀看，輕易上手，不會有入寺廟卻徒留走馬看花的遺憾。除了介紹廟宇本身，對於廟宇祭拜的神明，也有專文介紹。相信讀者透過本書，即能瞭解這些文化資產的歷史、工藝與聚落人文，進而從中感受與領略「信仰」這種無形資產的存在與意義。而於每一處廟宇介紹最後還附上「特色景點旅行地圖」，也讓本書帶有觀光指南的功能，方便讀者到寺廟參拜之際，也能順道一遊附近特色文化資產及觀光景點。

　　寺廟的主角雖是神明，卻與「庶民」生活習習相關。常民文化在寺廟做了最佳演繹，閱讀一座寺廟即可略知在地文化。期盼本書的出版帶領讀者走一趟高雄市的廟宇和文化資產，來趟豐富的時光旅行。

陳菊

年輕城市的信仰足跡

　　高雄市的文化資產在縣市合併之後原有92處，再加上甫於100年12月指定的內惟（小溪貝塚）遺址，則共計93處。包括45處古蹟（國定5處）、41處歷史建築、5處遺址（國定2處）、以及文化景觀2處。這麼多的文化資產，促使文化局興起出版一系列書籍介紹的想法。本書的出版即從寺廟的角度切入，藉由寺廟與常民文化的連結，讓民眾感同身受，文化資產並不是束之高閣、用玻璃和圍牆供養高不可攀的存在，而是就在你我的身邊，就像鄰居一樣親近。

　　本書特別精選11處高雄市已指定登錄為古蹟或歷史建築的寺廟，包括：國定古蹟－鳳山龍山寺、市定古蹟－旗後、楠梓、旗山3座天后宮、庄頭伯公和全台唯3的美濃里社真官、廣善堂、五穀宮、以及高雄代天宮。以貼心的文帶圖的編排方式，依循各廟宇祭祀主神分類，每一處廟宇均按「歷史沿革」、「信仰與傳說」、「工藝之美」、「聚落人文」分項介紹，附上廟宇「大事記」以及「特色景點旅行地圖」，讓讀者能在短時間內有系統地瞭解一座廟宇。本書亦針對主祀神明有專文導讀，書末亦有專章介紹廟宇工藝的「掌鏡人」－藝師工匠，使得本書除成為既賞心悅目又實用的廟宇深度導覽之外，亦使讀者能一窺有形文化資產的建築之美、以及無形文化資產的傳統藝術巧奪天工之處。

　　本書作者郭麗娟女士為高雄子弟，長期投注臺語創作歌曲文史研究與本土文化藝術的專題報導，亦為高雄文學館入館作家。她曾於2011年出版《台灣廟會工藝與戲劇》一書，介紹相關寺廟的工藝、戲劇、以及廟會小吃；本次寫作更嘗試從文化資產的角度描寫，挖掘廟宇與居民的連結和流傳的故事，傳達廟宇（文化資產）－居民為生活共同體的輕鬆自在。廟宇其實是鄰家會說故事的三叔公、就像老爺爺、老奶奶一樣守護居民的生活。本書帶領讀者隨著郭女士走進到廟宇當中，從廟埕到入口的三川牌樓各色雕刻，再進到廟裡觀看龍虎邊各式剪黏藝術。讀者的想像隨即跟著她的描寫馳騁了起來，恨不得立馬到廟一看，所幸圖片就在一旁。假如這還不夠，有請讀者來高雄一趟，親自到各廟宇走一遭，最好還能帶著放大鏡或長鏡頭，就能看個過癮。最好還能順便走一走附近的景點，這趟寺廟之旅，絕對包君滿意。

　　這是一本值得推薦和引介廟宇與文化資產的好書，文字優雅溫暖，描寫細緻親切；相信經由這本書的導覽，廟中或平面或立體的作品場景，真的可以聽到來自悠久歷史歲月的鮮活故事，感受神明與住民之間的信賴與包容。

寺廟工藝與信仰之美

　　古蹟和歷史建築，是看得到、摸得到的歷史，卻因年代久遠或疏於親近，看似冰冷生硬，卻蘊含特殊甚或獨一無二的建築格局與工藝美學，其與所在地居民的關係更是密不可分，進而發展出獨特的聚落人文特質。

　　信仰，是百姓精神生活的依歸，高雄縣市2010年合併後，文化資產共93處，本書從中選出與「信仰」有關的古蹟和歷史建築出版介紹專書，希望透過圖文的介紹，讓民眾瞭解這些文化資產的歷史、工藝與聚落人文，進而從中感受與領略「信仰」這種無形資產的存在與意義。

　　2010年有機會拜訪時年90歲的臺灣史學界前輩曹永和先生，曹先生認為歷史是「人、時、空」三個因素互動，交織形成的結構、事態和事件。空間是人類生活和生產的基本場所，在這個舞臺上，有各種人物於不同年代出來扮演而消逝，因此歷史不斷地呈現階段性的演化，然而，演員消逝後舞臺仍然存在，對於人以外，他認為做歷史研究時，應重視海島臺灣的地理特性，盡量擴大領域和視野。因此，本書的撰寫便希望參酌曹先生的臺灣史學觀點，並依「人、時、空」三個因素作為書寫架構。

　　通例，先有聚落，然後才有寺廟。這些古蹟和歷史建築所在的聚落當初如何形成？如何一磚一瓦築起守護廟？不同時代的政權更迭又曾產生哪些影響？要解這些疑惑，必須從史籍文獻著手，因此每篇皆從【歷史沿革】說起，文史資料雖嫌乏味，但要瞭解一座古蹟或歷史建築，歷史與沿革是基本功。

　　實際一一走訪，跨進一座座已建構百年甚或數百年的空間，每一次呼吸，彷彿同時嗅聞到不同時代的人們所供奉鮮花水果的花果香味；每一絲徐風，猶迴蕩百多年前善男信女在此虔誠膜拜時的喃喃祈求，舉目所見，精雕細琢的木雕與石雕、色彩艷麗姿態萬千的泥塑與剪黏、刻意形塑人物走獸古樸表情的交趾陶，就很想知道：這些裝飾工藝由那些藝師所施作？故事題材取自何處？圖案背後有什麼特殊含意？

　　由於素愛自助旅行，因此決定以主觀視線筆調，引領讀者由外而內，邊「看」邊「說」故事方式，藉【工藝之美】——耙梳建築格局與裝飾工藝，無論是山城的素雅、都會的堂皇、海濱的富麗，皆「淡妝濃抹總相宜」，其中，建廟最久的「旗後天后宮」與廟齡最資淺的「高雄代天宮」，相差近兩百八十年，將近三個世紀，不同時代的匠師所呈現的藝術風情，讓裝飾工藝更具歷史價值且多采多姿。有鑑於傳統建築各項構件名稱繁多且各地說法不同，除在文字上盡量化繁為簡說明外，版面編排也採「圖隨文走」，讓讀者能按圖索驥，輕鬆欣賞。

　　既是寺廟必奉有神祇，其主祀神從何處分靈或分香而來？神像來源有何特殊淵源、典故與傳說？很多人到「鳳山龍山寺」拜「佛祖」，卻不知道該寺的「佛祖」仍

保留番石榴樹幹原木並未雕刻觀世音菩薩五官，僅戴佛帽、披佛袍示意，這種「觀想」佛像，大概全臺僅見；民眾到美濃旅行時對田地裡、公路旁甚至古蹟城門附近，到處都可看到「墳墓」感到不解，其實很多是「伯公壇」（土地公廟），是南部六堆地區特殊的型制，當地甚至還有全臺僅有3座、負責把守水口的「里社真官」。

　　【信仰與傳說】除介紹各寺廟主祀神外，據田野調查與訪談，收錄相當多不為人知的鄉野故事與傳說，包括楠梓天后宮「大媽」在二重溪收伏雄雞精、旗後的烏魚會朝拜媽祖、美濃的里社真官不但管水還是豬瘟的剋星。【聚落人文】藉由古老行業（楠梓製作「媽祖鞋」的阿嬤）、特殊事件（美濃鄉親反水庫）等，呈顯各地聚落人文特質。【特色景點】則將古蹟與歷史建築所在行政區內，指定為古蹟或登錄為歷史建築及具地方特色的景點併入介紹，並提供旅行地圖。

　　筆者投入臺語創作歌曲文史研究十餘年，深體歌謠是時代的縮影，也是庶民生活的有聲史料，出版《台灣歌謠臉譜》、《寶島歌聲之壹》、《寶島歌聲之貳》3本書時，就是希望當歌曲藉由旋律流傳下來之際，詞曲創作者的心血不應被忽視。同樣的，寺廟的各項裝飾藝術，也都是藝師們用人生最寶貴的歲月，以豐富的實作經驗、爐火純青的技藝，留下令人讚嘆的作品，當我們在欣賞這些精雕細琢的工藝精品時，藝師們的努力也應該被肯定，本書藉【藝師臉譜】表達對藝師們的禮讚。

　　採訪撰稿過程中發覺，如果每座古蹟和歷史建築都能讓大眾「看得懂」，就能蛻變成社區內的藝術殿堂，不僅能活化文化資產，又能彰顯傳統工藝進而達到薪傳目的，創造雙贏。近年來高雄市積極發展文創「輕經濟」，象徵都市發展軌跡與城市古味的文化資產也不缺席，希望透過本書的出版，讓欣賞寺廟建築工藝之美成為全民通識教育，同時成為大眾深入認識港都文化資產的新熱點。

郭麗娟

鳳山
龍山寺

高雄市鳳山區，始終給人古意盎然的印象，
但親履此地，熱絡的商業行為又充滿蓬勃朝氣，
這正是鳳山迷人之處；雖處處可見歷史遺跡卻繁華依舊。
無論是清朝的「鳳山新城」，日治時期的「鳳山支廳」，
二戰後的高雄縣「鳳山市」，
還是2010年高雄縣市合併後設為「高雄市政府鳳山行政中心」，
數度物換星移，古城餘韻猶存，興盛文風下的經濟熱潮，殷實誠懇民風依舊。
座落繁華道路旁的「鳳山龍山寺」，早在縣治設置前便已是當地的信仰中心，
兩百多年來，鳳山古城多少歷史舞台起建後隨政權更迭被拆，
但鳳山龍山寺始終是居民背後無形的支撐力量與身心靈安頓所在。

重修碑記　推敲年代

　　康熙二十四年（1685）蔣毓英《臺灣府志》與康熙三十三年（1694）高拱乾《臺灣府志》皆記載，南臺灣的開發以臺南府城（今臺南市）為中心，臺南府城的「府治大道」分為「北路」、「中路」及「南路」，其中的「南路」可直達鳳山縣治（左營），南路沿途設有「舖舍」，作為兩地傳遞公文之用。

　　康熙五十九年（1720）鳳山知縣李丕煜主修《鳳山縣志》記載，鳳山境內有10街，其中包括「下埤頭街」，並在觀音宮條下指出：「一在縣治（指左營）龜山下，一在鳳山下莊，一在淡水新園，一在萬丹港街。」可見當時「下埤頭街」為縣治轄區，聚落發展應已具有相當規模，但鳳山龍山寺尚未起建。

　　直到乾隆二十九年（1764），該寺才首次出現在文獻上，鳳山知縣王瑛曾《重修鳳山縣志》卷十一名蹟載有：「關於轄內觀音寺有興隆寺，又一在埤頭街草店頭，一在草店尾，亦名龍山寺，一在鳳山下莊、一在淡水新園街，一在港西里萬丹街。」

　　若要推敲該寺起建年代，可從正殿乾隆二十五年（1760）的「南雲東照」匾額和道光十五年（1835）「重修碑記」所載：「緣龍山寺建廟垂茲近百年矣」，兩相對照，該寺應建於乾隆初年（1735~1740年間），乾隆二十五年以前應具有相當的格局，額為「龍山寺」。

　　該寺是臺灣少數比縣城更早設置的信仰中心。康熙二十三年（1684），施琅平定臺灣後設鳳山縣，縣治在興隆莊埤子頭，時稱「埤頭」（今左營），乾隆五十一年（1786）「林爽文之變」，南部有莊大田響應且兩次攻陷埤頭縣城，乾隆五十三年（1788）亂事平定後，埤頭縣城顯得殘破，便將縣治移往「下埤頭街」，稱「鳳山新城」。

　　從寺內留存的3座重修碑記得知，該寺在乾隆三十年（1765）小修，之後有3次主要的重修，分別為嘉慶十二年（1807）陳可寄等重修、道光十五年（1835）張源裕等重修、同治十年（1871）隆益號等再修。

昭和八年（1933），兩側護室改建為水泥洋式樓房。二戰後，1958年翻修前殿及拜亭屋頂並重施彩繪，剪黏由臺南匠師葉鬃負責。1985年奉內政部函指定為二級古蹟。1987年修復三川殿、拜亭、正殿，之後幾年針對彩繪和剪黏進行修復和仿作，曾因白蟻肆虐，進行生物危害防治工程。2001年依增訂文化資產保存施行細則第76-1條規定，自1999年起改為國定古蹟。

　　最近一次整體修復是在2005年，因屋頂漏水導致木料受潮腐朽，木構件毀損嚴重，已危及建築安全，所以從三川殿、拜亭到正殿，舉凡木構件、彩繪、泥塑、剪黏都仔細修復和仿作，參與匠師有大木陳天平、小木鄭楠騰、剪黏泥塑王武雄、彩繪孫金福等。2007年完工。

正殿「南雲東照」匾額。

入口納壽　百年石矼

　　鳳山龍山寺座落的中山路日治時期加以擴建，寺前有條大馬路，讓該寺正立面有了開闊的視野，整體空間更顯清朗。

　　該寺格局屬兩殿夾拜亭，外帶龍虎護室。由於寺門面寬不大，三川步口採「凹壽式入口」；只開一門從左右進出，凹凸線條不僅讓正立面有立體感還有防雨功能，且「凹」與「納」臺語音雷同，「凹壽」有「納壽」之意。

　　三川步口階梯有一塊長480公分、寬40公分的大石矼，據1807年重修碑記所載，這塊大石矼為該次重修時信徒所捐獻安置，與旁邊長度較短的石矼雖同為壓艙石，但以當時的造船與航海技術，這麼長的壓艙石足見乘載的船隻應該不是一般的戎克船。

鳳山龍山寺格局屬兩殿夾拜亭，外帶龍虎護室。

三川牌樓　藝術精華

　　站在兩百多年前安置的大石砛上，可仔細欣賞該寺藝術精華所在的三川牌樓面，最大特色在於木作與石作並用；腰板以上木作，腰板以下為石雕。

　　該寺大木結構屬清初風格，簷柱下設蓮花吊筒，蓮瓣層層疊疊，工匠巧藝立見，吊筒上的豎材刻南極仙翁和麻姑獻壽。步口「二甲栱」兩邊以圓雕技法刻龍形「插角」（又稱雀替，穩定構材與樑柱間90度不變型的構件）；該龍雙眼炯炯有神，後爪立於雲端，前爪向上呈騰躍狀，姿態活靈活現。後方「壽樑」兩邊以圓雕技法刻鳳形插角；鳳沿著壽樑飛行，尾羽宛如彩帶迎風飄動，神韻安逸姿態優美。

　　三川中門兩邊的長方形木雕窗，身板為「團鶴祥雲」；上下各有一對白鶴和一隻蝙蝠，中間有一鶴張翅曲足，喙咬靈芝呈「圓鶴」狀，緊密構圖中還置有象徵吉祥的寶物圖騰，左右暗板在蝙蝠和寶物圖騰中藏有聯對，內聯為：「東門保泰，南海留芳」，外聯為：「靈通鳳彈，德普海疆」。

　　邊間的圓形木窗，內藏三對螭虎團成的香爐及四隻蝙蝠，三對螭虎作交尾狀，寄意繁衍後代，三對螭虎與團成的香爐意喻「代代相傳」，四隻蝙蝠取「賜福」諧音，線條疏密相間，糾盤有力。

1.「二甲栱」以圓雕技法刻龍形插角。
2.「壽樑」以圓雕技法刻鳳形插角。
3.三川中門長方形木雕窗。
4.蓮花吊筒。

5.三川邊間圓形木窗。
6.步通上的木雕獅座。
7.三川中門「麒麟堵」。
8.雕螺紋的抱鼓石。

　　牌樓面腰板以下的石雕
精品，包括三川中門裙堵屬道
光年間風格的「麒麟堵」、三
川邊門裙堵的「螭虎團爐」淺
浮雕、三川對看堵裙堵體態輕
盈神韻生動的「鳳凰堵」、最
底下線條渾厚有力的「地牛」
櫃檯腳、以及門柱前雕螺紋的
「抱鼓石」。

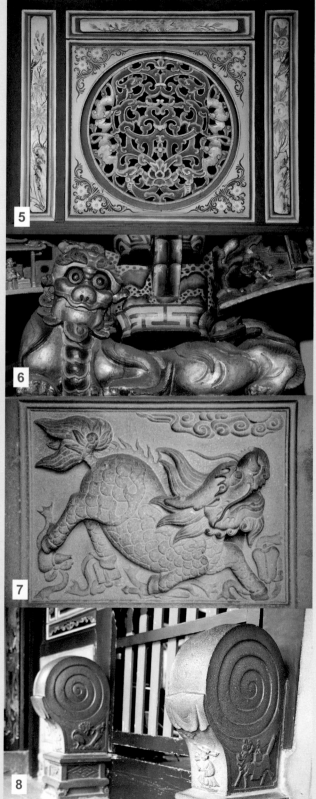

三川殿中門「伽藍」門神。

　　除技藝精湛的木雕和石雕，牌樓面的泥塑和剪黏也相當精彩有趣。山牆墀頭的「憨番扛廟角」（又稱力士扛廟角）泥塑，衣服用陶片剪黏並施以彩繪，吃力負重卻無奈的表情，讓人莞爾。一般寺廟在簷角或樑下作這種人物裝飾有「負重」之意。

　　三川步口對看堵身堵內有半立體泥塑彩繪，為臺南剪黏匠師葉鬃1958年參與修復時所作，龍邊（左邊）武將背插4支威風旗，身旁童子手提一球，取「旗球」、「祈求」諧音，虎邊（右邊）武將右手反執長戟、左手提磬牌，身旁書童陪侍在側，取「戟磬」、「吉慶」諧音。

　　三川殿「中門」與「凹壽」對看門，彩繪「伽藍」和「韋陀」兩位護法，說明該寺為佛寺，三川殿左側門彩繪「增長天王」和「持國天王」，右側門彩繪「多聞天王」和「廣目天王」，依四大天王職司，取「風調雨順」之意。

1.山牆墀頭「憨番扛廟角」。
2.三川對看堵「鳳凰堵」。
3.龍邊武將背插威風旗，身旁童子手提一球，取「旗球」、「祈求」諧音。
4.虎邊武將反執長戟、左手提磬牌，取「戟磬」、「吉慶」諧音。

1

2

3　4

1.三川殿棟架為「三通三瓜」。
2.正殿「大通」下雕鰲魚插角。

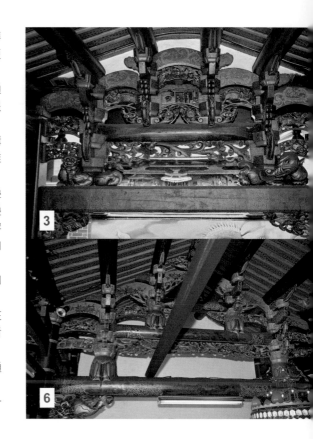

棟架工藝　無懈可擊

　　進入寺內，從三川殿、拜殿到正殿，都可欣賞到該寺古蹟工藝的另一個精華——「棟架」，指屋架各部位構材的長短高低及接榫的比例關係。

　　三川殿為「三通三瓜」，就是三根通樑、三個瓜筒所形成的三角形棟架，三根通樑由下往上稱為「大通」、「二通」、「三通」，皆飾以彩繪，三個加強穩定構件的短柱刻成瓜狀，兩邊「大通」下各雕兩個鰲魚插角。

　　拜殿棟架使用「六架捲棚」，瓜柱疊四斗，「疊」臺語音同「塔」，層層相疊的意思，顧名思義，就是斗與斗之間以穿材接連替代瓜柱的結構作法，可方便縱向的束木、束隨以及橫向的斗拱穿插。

　　拜殿的「大通」為方樑，上雕獅座和象座，座上疊斗，層層往上，共疊四斗，斗間出牽制左右瓜柱的「束木」和跟隨在束木下的「看隨」構材，「束隨」和「看隨」作鏤空雕，工法精美。

　　正殿作「三通五瓜」，就是三根通樑、五個瓜筒，「大通」上置兩個瓜筒，「二通」上置兩個瓜筒，「三通」上置一個瓜筒，瓜筒上疊斗，「大通」疊四斗，

「二通」疊三斗，「三通」疊二斗，架構嚴謹，呈金字塔型漸縮次序非常明顯，通樑彩繪精美，「束隨」和「看隨」亦精雕細琢。兩邊「大通」下各雕兩個鰲魚插角，魚鰭張開，宛如泅游於大海中。

　　該寺2005年整體修復時全部落架重建，正殿「中脊樑」修復後重施彩繪，中央繪「太極八卦」，外有一圈綠色如意紋，如意紋外有一圈藍色祥雲，左右兩邊各繪一四爪金龍守護，寺方於2006年舉行將中脊樑放置定位的「上樑式」，祈求佛祖護佑完工後寺廟能堅實牢固、香火鼎盛、境內合境平安。儀式中較特別的是禮成前的「望燎」，就是觀看焚燒上樑文的煙冉冉昇天，象徵眾人向天上佛祖的祈求與奉獻化成火和煙的形式，上達天聽。

　　除了棟架，另一個支撐建築物的就是柱，該寺特別之處在於位於柱子下方狀似矮凳的臺座「柱珠」，早期的柱子多為木料，若直接接觸地面會受潮而腐壞，柱珠最主要的功能是隔絕木柱直接與地面接觸，該寺石雕柱珠形式多達四種，三川前簷為「蓮座形」，分12瓣，三川殿及正殿為「圓形」，拜亭為「方形」，四面施以花卉走獸浮雕，三川殿四點金柱靠前簷的一對，1958年修復時改為水泥造，原來的「鼓形」柱珠如今已散佚。

3.拜殿棟架為「六架捲棚」。
4.三川殿及正殿的圓形柱珠。
5.三川前簷的蓮座形柱珠。
6.正殿棟架為「三通五瓜」。
7.拜亭的方形柱珠。

青龍穿牆　母虎護子

　　拜亭天井牆堵和水車堵，如今仍完整保留葉鬃1958年參與修復時的作品，1987年葉鬃的次子葉進祿曾修復，2005年王武雄再修，但大多仍保留原貌，相當難得。

　　葉鬃為臺南剪黏匠師洪華的高徒，早期，會做泥塑的匠師通常也擅於剪黏，甚至精於交趾陶，葉鬃就是這種全才型的匠師。據葉鬃的次子葉進祿表示，1945年二戰後，很多遭戰火損毀的寺廟在信眾踴躍捐獻下進行修復，早期剪黏都使用陶片和瓷片，但因需求量驟增，葉鬃就把腦筋動到玻璃上，建議玻璃廠把玻璃瓶「吹大」作為剪黏材料，即業界所稱「彩色玻璃」，葉鬃承做該寺剪黏時也大量使用，龍牆即為一例。

1.結合泥塑、剪黏、彩繪而
　成的龍牆。
2.虎牆以泥塑、彩繪作回頭
　母虎護兩隻幼虎。
3.龍牆上方水車堵。
4.虎牆上方水車堵。

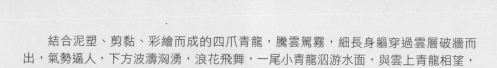

　　結合泥塑、剪黏、彩繪而成的四爪青龍，騰雲駕霧，細長身軀穿過雲層破牆而出，氣勢逼人，下方波濤洶湧，浪花飛舞，一尾小青龍泅游水面，與雲上青龍相望，作孺慕狀。

　　耆老林茂森（1937~）表示，四爪青龍的龍舌原為泥塑後貼上一片紅色玻璃，1987年修復時，龍舌改繪紅色油漆，小青龍因位置較低，身體的鱗片常被香客拔走，修復時改以彩繪取代玻璃剪黏。

　　虎牆則以泥塑、彩繪表現母虎護子；神情慈愛的母虎身旁有兩隻幼虎，森林中掠食者伺機而動，危機四伏，母虎視線警戒地望向前方，天真無邪的幼虎緊緊依偎身旁，母子情深的畫面讓人感動。林茂森表示，這面虎牆在葉鬃修復前圖案為一隻開嘴狀的下山公虎，葉鬃當時表示，寺廟內做「開嘴虎」，廟公易早亡，所以改塑今日所見「回頭母虎」護兩隻幼虎。

　　龍牆上方水車堵兩端有呂洞賓與漢鍾離泥塑，衣袍飾以剪黏，堵仁的剪黏故事取自《三國演義》的「甘露寺」，情節為吳國太選婿，涼亭中央的老嫗即吳國太，右邊三個打拱作揖的人物，右邊是王允、中間是劉備，劉備身後是趙子龍。

李鐵拐交趾陶。

　　虎牆上方水車堵兩端有何仙姑與李鐵
拐交趾陶；何仙姑側身回眸，儀態萬千；
李鐵拐右手撫肚而笑，似對又醜又跛的軀
殼已能釋懷，從這兩件交趾陶便可看出葉
鬃的藝術涵養和精湛技藝，堵仁的剪黏故
事為宋朝的「演武廳」；狄青與狄太后相
認後與宋仁宗算是表兄弟，仁宗要封狄青
官爵，但狄青要求與朝中武將比武以定官
職，於是和王天化大戰三十幾回合。畫面
中三個主要角色，中間坐者為皇帝，左邊
是狄青，右邊是王天化。

何仙姑交趾陶。

鵝頭墜飾　作工精美

　　作工精美的脊頂剪黏與山牆鵝頭墜，
2005年整體修復時依原貌仿作與彩繪，剪
黏也以原材料修復。

　　值得一提的是，該寺三川殿脊頂剪黏
原為雙龍護「祿神」，1988年寺方希望
信眾改用佛教全素供品，便將脊頂屬於道
教福祿壽三仙之一的「祿神」改為通常解
釋為持戒成果或智慧結晶的「摩尼珠」，
而成今日「雙龍護珠」。西施脊上端裝飾
水果剪黏，下端為花枝、螃蟹等水族，垂
脊牌頭以《三國演義》故事為題材，邊間
屋脊置「鰲魚吐水」，燕尾下有武將和仙
女。

　　三川殿山牆龍邊鵝頭墜延續「烟板」
（或稱延板，山牆規帶下的灰泥帶）灰黑
底色，以三隻蝙蝠和兩隻螭虎相互勾繞，
圈出鵝頭墜外框，框內置泥塑人物。虎邊
鵝頭墜以三隻蝙蝠和四隻螭虎相互勾繞出
上下兩個框，上框塑橘色蝴蝶，下框置文
官武將人物。

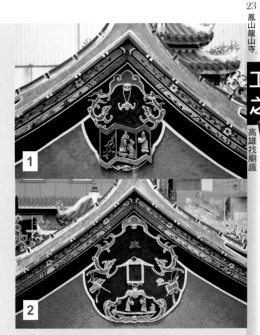

1.三川殿山牆龍邊鵝頭墜。
2.三川殿山牆虎邊鵝頭墜。
3.三川殿脊頂剪黏「雙龍護珠」。

　　正殿脊頂剪黏為雙龍護塔，大脊泥塑《三國演義》的「空城計」，人物表情生動，衣冠、坐騎和城池，或剪黏或彩繪。山牆鵝頭墜龍邊為「螭虎啣花籃」；一隻大螭虎啣住兩隻小螭虎的腳，兩隻小螭虎雙手勾住下方花籃，大螭虎或許擔心小螭虎不勝負荷，還伸出雙手緊緊抓住牠們的雙腳，整個畫面就像馬戲團裡的鋼絲吊人表演，相當逗趣。虎邊鵝頭墜主題雖也是「螭虎啣花籃」，但造型與龍邊截然不同，上方大螭虎頭較小但神情威猛，花籃也仿竹編紋理，相當細緻。

　　由於三川殿和正殿山牆鵝頭墜龍虎兩邊圖飾不同，許多學者專家都認為當時應該是「對場作」（或稱「鬥牆」、「拼場」，就是將工程發包給兩個單位，雙方各修建一邊，讓兩邊工匠相互較勁。）但寺方表示，當時只發包給一家廠商，應是不同工匠砌作，才會展現不同圖案趣味。

3

1.正殿山牆龍邊鵝頭墜。
2.正殿山牆虎邊鵝頭墜。
3.正殿大脊泥塑「空城計」。

信仰與傳說。

香火發光　建寺供奉

　　鳳山龍山寺的起建，寺方表示，乾隆年間有個從中國來臺灣的泉州人，隨身攜帶泉州府晉江縣安海鄉龍山寺觀世音菩薩香火，有一次，路過該寺現址的番石榴園，因為想上廁所，怕對菩薩香火不敬，便將香火掛在番石榴樹上，離開時忘了帶走，之後，香火入夜後閃閃發光，鄉人認為是菩薩顯靈，便恭迎香火建寺供奉，並將該棵番石榴樹砍下取兩截，當時並未雕刻觀世音菩薩外型，僅戴佛帽、披佛袍示意，這種「觀想」佛像，大概全臺僅見。

　　寺方敬稱這兩截番石榴樹幹為「開基祖」和「副開基祖」，信眾暱稱「觀音佛祖」或「佛祖」，有別於臺灣另外四座龍山寺是分靈建寺，該寺因以香火建寺，又被稱為「香火廟」。

難解情事　佛祖裁示

　　該寺同治十年（1871）的重修碑記中所載捐款名錄中，有「陳順和」三字，這個名錄中的「陳」是姓氏，但「順和」兩字不是名字而是商號，為當時經營米、鹽起家的陳福謙所開的「順和棧」，高雄五大家族之一的陳中和，發跡前就是受雇於陳福謙的商號，可見，遠在清朝時期，該寺的信仰圈已擴及高雄的苓雅寮（今苓雅區）、蚵仔寮等地，其中，淵源最深的當屬今梓官區的蚵仔寮。

「開基祖」。

「副開基祖」。

正殿神龕。

　　每年冬至前後，臺灣漁民暱稱為「烏金」的烏魚就從中國長江流域出海口隨洋流南下到臺灣海峽，每年烏魚汛季節，靠海為生的蚵仔寮居民就會專程到該寺請「開基祖」或「副開基祖」到該地坐鎮，在佛祖庇佑下每年都「烏金」滿載，漁民除贈送魚獲給寺方人員外，還酬謝金牌，寺方修復時也踴躍捐獻。

　　另外，雖然蚵仔寮神明很多，但是至今，當地遇有連神明都「喬」不定的事情時，宮廟就會派執事人員專程到該寺請佛祖「裁示」或當「公親」居中調解。

佛面起翹　以為神蹟

　　該寺2005年整體修復時，施工單位將正殿神龕封住，由於正殿神座下仍存有一口水井，不通風又潮濕的環境下，2006年鎮殿金身佛祖臉上的金箔起翹，信眾一陣騷動，以為「神蹟」，當時該寺已列為國定古蹟，任何建築與文物修復都要報請文建會同意，由於公文往返費時，信眾見寺方遲遲沒有作為，便紛紛許願要幫佛祖「安金身」，讓寺方相當苦惱，最後在縣府協調下，由寺方請師傅修復，「神蹟」之說終於落幕。

鳳山龍山寺與信眾關係相當密切。

佛祖聖誕　舉辦法會

　　該寺佛祖（觀世音菩薩）每年有3
次祭典，依序為：農曆2月19日生日、
農曆6月19日成道日、9月19日出家
日。3次祭典前，該寺皆舉辦大型法會
和契子擲筊拜契。每年農曆年舉行開廟
門活動。2011年增辦一場祈福安康法
會。

聚落人文。

　　臺灣建於清朝的五座龍山寺依起建年代先後分別為臺南、艋舺、鳳山、鹿港和淡水，主要信眾為中國泉州的三邑人，三邑包括晉江、惠安、南安三縣，按理，清朝到臺灣的移民中，只有來自三邑的移民才有可能建龍山寺。

鳳山新城　信仰中心

　　該寺比縣城更早設置，乾隆五十三年（1788）縣治移往「下埤頭街」設「鳳山新城」，「下埤頭街」康熙年間即是鳳山縣最大的商街，是府城經縣城到阿猴（今屏東）地區的商品集散、轉運區，成為「鳳山新城」後經濟更顯繁榮，加上嘉慶九年（1804）知縣吳兆麟倡議建四門，分為六座，該寺臨近東門和東門溪（今鳳山溪），出城門過東福橋便可通往「阿猴」，而且有東門溪的水利之便，舟楫可經前鎮河出海，外地船運貨物也經由東門溪在東便門碼頭上岸，便利的交通吸引來自臺灣各地和中國的移民。

　　在臺灣民間信仰中，「觀音」和「媽祖」地位一樣崇高，而在佛教信仰中更有「家家阿彌陀，戶戶觀世音」的說法，因此，佛道兩教信眾都視該寺為鳳山新城的信仰中心，隨移入人口增加，香火日益鼎盛，生意興隆的居民也不忘觀音佛祖的庇佑，捐錢重修，據嘉慶九年（1804）的重修碑記所載，共捐得兩千五百多員（元），李乾朗在《鳳山龍山寺調查研究與修護計畫》一書中換算當時的物價與工資，兩百多年前，木匠工資約0.2元，換言之，重修碑記中捐2元的人，大約捐出10天工資。因此，該次重修除有信徒捐獻大石砛外，至少屋頂全換新。

提供藥籤　佛祖鎮宅

　　該寺雖為佛寺，卻有極強烈的民間信仰色彩，從該寺的「藥籤」可略窺一二，早年醫療資源匱乏的年代，部分宮廟（如保生大帝廟）會提供這種醫病藥籤因應信眾祈求，但全臺五座龍山寺中只有該寺提供藥籤且保留至今。另外，舉凡信眾入厝或娶媳婦，就會到寺裡請佛祖到家中「鎮宅」數日，可見該寺與信眾關係之密切。

　　二戰後，鳳山市是原高雄縣政治、經濟、工業、商業、金融、文化的精華區，該寺所在的草店尾街也更名為三民路，是當地知名的家具街，百年佛具店比比皆是，這條因信仰聚集而成的佛具店街，當地人以當下最流行的「哈日」、「哈韓」用語，暱稱為「哈佛街」。

　　1949年國民政府播遷來臺後，鳳山市陸續成立陸軍官校、中正預校、陸軍步兵學校，且眷村林立，移入族群雖帶來不同的文化衝擊，但與清朝的移民潮一樣，該寺廣納佛道兩教信眾，信仰中心地位穩固。

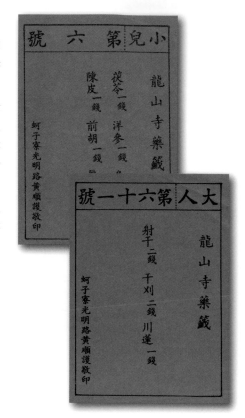

 鳳山龍山寺大事記。

1735～1740年間	起建。
1760年	「南雲東照」匾額。
1764年	首次出現在鳳山知縣王瑛曾《重修鳳山縣志》文獻上。
1765年	小修。
1788年	鳳山縣治移往「下埤頭街」，就是現在的鳳山區。
1804年	知縣吳兆麟倡議建四門，鳳山龍山寺臨近東門。
1807年	陳可寄等重修，信徒捐獻大石砛，安置在三川步口。
1835年	張源裕等重修。
1871年	隆益號等重修。
1933年	兩側護室改建為水泥洋式樓房。
1958年	翻修前殿及拜亭屋頂並重施彩繪，聘臺南匠師葉鬃修復泥塑和剪黏。
1985年	奉內政部函指定為二級古蹟。
1987年	修復三川殿、拜亭、正殿。
2001年	依增訂文化資產保存施行細則第76-1規定，自1999年7月1日改為國定古蹟。
2005年	三川殿、拜亭、正殿整體修復，參與匠師有大木陳天平、小木鄭楠騰、剪黏泥塑王武雄、彩繪孫金福等。
2007年	修復完工，歷時兩年。

特色景點旅行地圖。

　　鳳山區的國定古蹟除鳳山龍山寺外，還有充滿神秘色彩的「原日本海軍鳳山無線電信所」，市定古蹟則有見證鳳山兩百多年發展史的「鳳山縣城殘蹟」、朗朗書聲傳百年的「鳳儀書院」等，都相當適合對歷史和古建築有興趣或充滿好奇的民眾，知名的「打鐵街」也是不容錯過的景點。

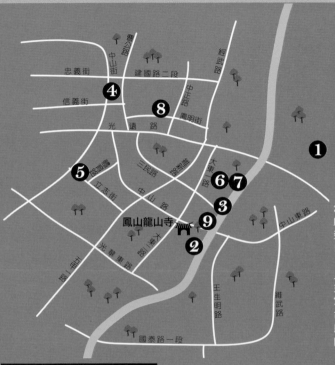

國定古蹟──原日本海軍鳳山無線電信所

　　該無線電信所2004年登錄為歷史建築，2010年指定為國定古蹟，是日治時期日本海軍所屬3處通信基地中唯一設在臺灣的基地，碉堡型建築，防爆牆厚達8、9公分，據推，可能與日本海軍南進政策有關。

　　1949年國民政府播遷來臺後，在此偵審犯人，1976年改為海軍「明德訓練班」，負責管束頑劣士兵，如今，明德訓練班已裁撤但仍屬軍事管制區，因此充滿神秘色彩，目前由高雄市政府文化局代管，並委託社團法人高雄市高縣眷村文化發展協會進駐管理維護，週休二日開放參觀。

市定古蹟──鳳山縣城殘蹟

訓風砲臺。（高雄市文化局提供）

　　乾隆五十三年（1788）「林爽文之變」平定後，縣治從「埤頭」（左營）移往「下埤頭街」，就是現在的鳳山區，剛開始以刺竹環城，嘉慶九年（1804）知縣吳兆麟倡議建四門，分為六座，大東門為「朝陽門」，小東門為「同儀門」，又稱「東便門」，西門為「景華門」，南為「安化門」，北為「平朔門」，北門又有外門稱「郡南第一關」。道光十八年（1838）知縣曹謹在六座城門上加建城樓，城牆周邊築六座砲臺並在城外挖城濠。

　　明治二十八年（1895）日人治臺後，在「街道改正」計畫下城門一一被拆，如今只剩東便門，其左側尚有一小段古城牆遺留，六座砲臺也僅存平成、訓風、澄瀾，平成砲臺呈四方形，內側有梯直上；訓風砲臺平面呈圓弧形，前臨鳳山溪與城濠合流處；澄瀾砲臺平面呈不規則八角形，這些殘蹟為歷史留下見證。1998年奉內政部函指定為三級古蹟（2010年高雄縣市合併後改為市定古蹟）。

小東門又稱東便門。

平成砲臺。（高雄市文化局提供）

澄瀾砲臺。（高雄市文化局提供）

四孔三墩──東福橋

重修東福橋碑記。

「東便門」城外有主祀「東福正神」和「土地公」、「註生娘娘」的東福祠，城門直通「東福橋」，早年是鳳山居民通往「阿猴」（今屏東）的主要對外橋樑。該橋起建石碑置於東福祠內「東福正神」神像後，被香火薰黑的石碑上「道光辛丑年」（1841）字跡仍清晰可辨，同治三年（1864）泉記號等商家籌資重修的「重修東福橋碑記」立於東福祠外，這座「四孔三墩」的石板橋，2001年「潭美」颱風造成橋身損毀，如今只剩西岸一座橋墩仍為古蹟，其餘為新建鋼架水泥橋，原支撐橋身的兩座橋墩現安置在鳳山橋畔。

新建東福橋。

東福祠。

東福橋原支撐橋身的兩座橋墩。

市定古蹟──鳳儀書院

（高雄市文化局提供）

鏗鏘有聲──打鐵街

鳳儀書院是臺灣現存規模最大的書院，為鳳山知縣吳性誠與歷任鳳山知縣樂捐，嘉慶十九年（1814）由歲貢生張廷欽負責興建，是古時學童求學之處也是歲科童試的考場，光緒十六年（1891）舉人盧德祥重修。

日治後，書院因疏於管理逐漸殘破，二戰後為租占戶所用，1985年奉內政部函指定為三級古蹟（2010年高雄縣市合併後改為市定古蹟），2009年發包整修，預定2012年完工。整修期間發現該書院的「奉憲禁胥役勒索紳衿碑」（道光五年立，1825），是目前唯一被尋獲的一座。

「打鐵街」原為城內一條出入東便門的小街道，是駛往鳳山新城的小帆船上岸後必經之路，當時東便門一帶因交通便利相當熱鬧富庶，因此吸引很多中國移民到此謀生，許多行業連同工具運來，由於工具相當笨重，業者就在東便門碼頭附近開店營業，其中又以打鐵業最為興盛。

早期，無論是家庭五金的刀、剪，或農具的鋤、鈀等，都仰賴鐵匠一槌一槌手工打造，需求量大，興盛時期有十幾家，二戰後改街名為「打鐵街」，但隨著傳統行業逐漸沒落，如今仍堅守崗位實際「打鐵」的老店只剩3家。

在臺灣民間信仰中，「觀音媽」和「媽祖婆」是最受尊崇的兩位女神，兩位也都是廣受漁民膜拜的「航海女神」。神明廳所掛的「佛祖漆」中，「家堂五神」的首尊就是觀世音菩薩，在佛教信仰中祂也是最受崇敬的菩薩，有「家家阿彌陀，戶戶觀世音」之說。

生性至孝　斷臂挖眼救父

「觀音媽」是「觀世音菩薩」的暱稱，臺灣民間又稱觀音佛祖、佛祖媽、慈航大士、南海觀世音、大慈大悲救苦救難觀世音菩薩。

據宋代普明禪師所寫《觀世音菩薩本行經》所載，觀世音菩薩是妙莊王的三女兒，名妙善，至出嫁年齡，選擇出家，妙莊王慎而將她趕出王宮。

後來妙莊王身患頑疾，危在旦夕，求救於一老僧，老僧診斷後認為只有以親生女兒的手眼配藥才能醫治。妙莊王求救於大女兒和二女兒，但兩個女兒不願斷臂挖眼救父。老僧無奈告知，香山有位仙長，道法高深，或許能夠救治。

妙莊王來到香山找到仙長，發現仙長竟然是被自己趕出王宮的三女兒妙善，但這時她已修成正道。妙善知道父親來意後，二話不說，馬上割斷手臂、挖掉雙眼給妙莊王。妙莊王見狀心生懺悔，祈求神明讓女兒再生手眼，結果神靈感念妙善的孝心和妙莊王的悲心，妙善果然長出一千隻眼和一千隻手，妙莊王十分感動，下令在香山修建寺廟奉祀。

船舫翻覆　稱念觀音得救

《妙法蓮華經觀世音菩薩普門品第二十五》載：「……若有百千萬億眾生，為求金、銀、琉璃、硨磲、瑪瑙、珊瑚、琥珀、真珠等寶，入於大海，假使黑風吹其船舫、飄墮羅剎鬼國，其中若有乃至一人稱觀世音菩薩名者，是諸人等，皆得解脫羅剎之難。」從這段經文就不難知曉觀世音菩薩在漁民心中的重要性。

　　大慈大悲的觀世音菩薩，為了順應受難眾生的「千處祈求千處應，苦海常作度人舟。」而有三十三種不同變化身，或男性、或女性，或幼童、或老嫗等各種化身，此即「三十三體觀音」的由來。

心念退轉　碎成千瓣蓮花

　　至於「千手千眼觀音」，源於觀世音菩薩曾在阿彌陀佛為主的十方一切諸佛之前立下誓願：「將三界六道一切眾生的痛苦除去，在自己證得菩提之前，利益一切眾生，否則自己不進入涅槃。如果自己捨棄眾生證悟涅槃的話，頭要裂開碎成十片，身體要碎成千片。」之後，祂在六道之中廣大利益無量無邊的眾生。

　　經過很長很長的時間後，觀世音菩薩心想：「應當再也沒有墮於輪迴的眾生了吧。」於是祂在普陀山頂，一共觀了三次輪迴，發現輪迴的眾生仍然跟以前一樣多，這時祂心想自己還是進入止息涅槃比較好，因為曾在十方諸佛之前立下誓願，退轉的心念一生，祂的頭頓時碎成十片，身體碎成千瓣蓮花。

　　此時阿彌陀佛現身整理碎片，將頭的碎片化成十個頭，碎成千瓣蓮花的身軀變成千手千眼，以此更加廣大利益無量無邊眾生，阿彌陀佛則安置在十個頭之上，變成十一面千手千眼觀音，並勸誡祂：「勿退道心，大悲度眾。」

旗後
天后宮

高雄市，西臨臺灣海峽，南接巴士海峽，
朝迎晨曦暮送晚霞的渡輪，
百多年來未曾間斷地往來穿梭於旗津和哈瑪星（鼓山）之間，
當渡輪把臺灣海峽喚醒，飛鴿也乘著陽光的羽翼陪伴學子和旅人往來兩岸，
在水一方的旗津，淡淡的湛藍水色襯托出它的純樸與無華，
熱情的陽光也型塑住民豪邁知足的個性，
而距離旗津渡船口約1分鐘腳程的市定古蹟「旗後天后宮」，
三百多年來，看盡臺灣的悲歡與滄桑，包容著俗世紅塵的酸甜與苦樂，
對旗津人而言，無論在實質生活或精神撫慰上，該宮始終占有重要地位。
走進古色古香的旗後天后宮，
不僅大量使用早期相當昂貴的石材，石雕、木雕、彩繪與剪黏更出自名家之手，
不難想見信眾財力之雄厚及對建築品味的堅持，
讓人不禁遙想，三百多年前的旗津是什麼樣的面貌？
該宮又歷經多少次的蛻變才有如今的風華？

歷史沿革。

他鄉為故鄉　建廟保平安

　　旗津島昔日概稱「旗後」，北側有旗後山，旗後山西側緊鄰臺灣海峽，與對岸的打狗山（今壽山）環抱構成一個天然港口，坐擁豐富漁獲與舟楫之利，使得旗後一帶成為高雄市開發甚早的區域之一。

　　中央研究院院士曹永和在其著作《臺灣早期歷史研究續集》中寫道：「臺灣雖是個海島，但因地理位置優越，從史前時代以來，即為東亞地域族群移動的重要通道，16世紀地理大發現後，更涉入世界性的競爭中。」根據他的看法，中國漁、商船大約嘉靖四十五年（1566）至萬曆元年（1573）間，便開始進入臺灣，漁、商船隻帶動中國和臺灣之間的往來。

　　有關旗後聚落最早的文字資料是康熙三十年（1691）閩籍漁民徐阿華糾合六姓向清朝提出的「開墾契書」，根據徐阿華的說法，康熙十二年（1673）他在臺灣鄰近海峽作業時為躲避颱風來到旗後，他以漁人的專業眼光看出旗後優異的山海地理條件利於捕魚作業，便搭建草寮暫住，後回鄉邀洪應、王光好、蔡月、李奇、白圭、潘踄到旗後，各蓋一草寮捕魚為生，並建媽祖宮為守護廟，就是現在的旗後天后宮。

媽祖宮落成後，成為旗後聚落的主廟，至1691年人煙漸稠，徐阿華擔心廟地被侵占，遂與洪、王、蔡、李、白、潘共六姓族人，共同劃定界地並「合立開墾字一紙，以存後代共鑒」。乾隆三十年（1765），居民籌資重建，將原來的茅草竹屋改成石造小廟。

國際貿易盛　三次大重修

　　從文獻記載得知，打狗港早期多淺灘、暗礁，前來貿易的船隻只能靠小型竹筏，往來穿梭於外海和內陸之間，完成貨物裝卸，為避免太多船隻一起進港造成「塞港之弊」，各船戶間相互約定，並於咸豐九年（1859）鐫勒「船戶公約碑」。

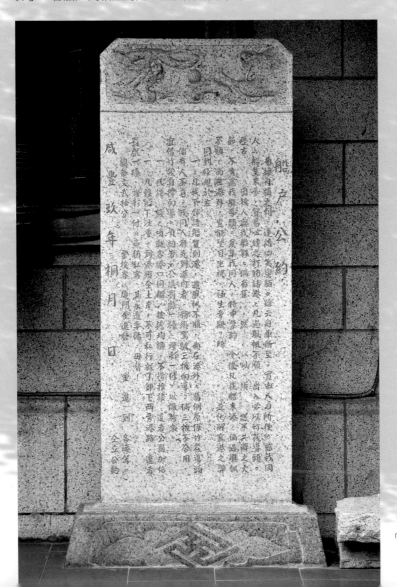

「船戶公約碑」。

「汎口私抽勒銀示禁碑」。

咸豐八年（1858）清朝與英、法、俄、美等國簽訂「天津條約」，臺灣門戶大開，同治三年（1864）打狗港開放為國際通商口岸，旗後因緣際會地成為洋行、船頭行、稅務機關等的首選設置地點，同時帶動在地商人陳福謙、陳中和等相繼在旗後設立商行，開展和日本、廈門、汕頭、廣州、香港之間的貿易。

國際貿易雖為旗後帶來龐大商機，卻也發生駐防官員常藉機索賄，引發通關民眾與商家不滿，紛紛到衙門陳情，同治六年（1867）臺灣海防南路理番分府會同安平水師協鎮於媽祖宮前渡口頒立「汎口私抽勒銀示禁碑」，告誡駐防官員，為不法索賄行為留下歷史見證。

旗後因這波國際貿易局勢迅速崛起，旗後人不忘媽祖的庇佑，光緒十三年（1887）在洋商張怡記號召下大規模重修，並更名為「旗後天后宮」，據光緒二十年（1894）盧德嘉《鳳山縣采訪冊》載：「天后宮在大竹里旂後碼頭，縣西南十五里，屋六間，光緒十三年洋商張怡記重修。」此為文獻正式稱天后宮。

昭和元年（1926），信眾蔡吉六等人發起第二次大規模重建，木料、石材、紅磚均購自唐山。第三次大規模重修是在二戰後1948年，當年的一次颱風造成屋頂破損漏水，海水漲潮也損及部分文物，當地仕紳蔡文彬（二戰後改名蔡文賓）和居民發起籌資重修，並增建拜亭串連三川殿和正殿，奠定今日二殿二護室面貌。據耆老莊吉（1937~）表示，1948年重修時，所有的漁民、船東、商家、油商等，必須捐出一定比例所得給宮方作重修經費。

1948年之後，該宮就不曾進行大規模而影響格局的整建，之後幾次的整修中參與彩繪的匠師包括蔡草如、廖慶章、陳明啟、明仁師等。1985年奉內政部函指定為三級古蹟，2001年依增訂文化資產保存施行細則第76-1規定，改為市定古蹟。

打狗第一街　繁華歸平淡

　　站在旗津輪渡站，旗後天后宮脊頂的古樸剪黏引人來到其所座落的廟前路和通山路街廓，該宮正門左側的廟前路，曾經國內外商號林立，包括米糧、南北貨、茶樓、洋行、寫真館等，有「打狗第一街」稱號，如今多已改建成民宅，靜謐巷弄不見昔日風華。正門右側的廟前路可直達海水浴場，現在整條路幾乎清一色都是海產店，因地利之便，旗後的海產不僅新鮮而且物美價廉，高檔海鮮也物超所值。

知名匠師的作品讓三川牌樓面富麗堂皇。

1.廟埕以充滿喜氣的紅燈籠裝飾。
2.日治時期廟埕曾是市集所在地。

宮門龍邊展示「汎口私抽勒銀示禁碑」、「船戶公約碑」和1886年的古鐘。

　　宮前的廟埕，除祭典時擺放供桌、供品外，平日是民眾聚集的地方，也提供漁民臨時修補竹筏、漁網，日治時期曾是市集所在地，如今，在充滿喜氣的紅燈籠裝飾下，是遊客與居民休憩、聊天的地方。宮門龍邊展示「汎口私抽勒銀示禁碑」、「船戶公約碑」和一口光緒十二年（1886）鑄造的古鐘。

魚蝦上龍柱　鳥柱聽婉啼

　　三川牌樓面處處可見石雕精品，彩繪龍柱為「一柱雙龍」；上下各有一條鏤空蟠龍纏繞石柱，姿態翻騰飛舞、氣勢威風八面，匠師稱為「天翻地覆」式，龍柱下的八角柱珠，八個面各雕刻不同主題，除一般常見的八寶紋飾外，還有蝦、蟹、烏龜等海洋生物，突顯主祀神「媽祖」為海上守護神。

　　三川步口兩旁階梯各有兩級石板臺階，這是康熙年間船隻渡海所用的壓艙石，據說，當時從中國開到臺灣的戎克船，船家為避免在海上遇風浪時翻覆，便在船底放置大塊石板增加船身重量，統稱「壓艙石」，由於壓艙石平整又紮實，該宮奠基時被挪作臺階，如果仔細看，這些臺階上竟有整齊的長方形凹槽，這可不是裝飾，而是先民為了避免船行中壓艙石因風浪起伏移動導致船身不平衡發生意外，就在石板上打出長方形凹槽然後用木條撐住固定。

三川牌樓的石雕龍柱。

三川步口對看堵身堵，虎邊上方武將左手舉旗，下方騎獅童子雙手舉球，取「旗球」、「祈求」諧音；龍邊上方武將右手舉戟，下方騎象童子雙手舉磬牌，取「戟磬」、「吉慶」諧音。

　　該宮另一處石雕精品為三川殿內的兩根「百鳥柱」，充分顯現匠師精湛手藝與創意，兩根石柱各雕50隻栩栩如生的鳥禽，匠師藉堅硬石材組構鳥禽肌理線條，又在堅硬石材上雕鑿出鳥禽繞指柔的羽翼，以及或顧盼或昂首，充滿姿勢動態與戲劇張力的動作，尤其是那凌風而上的鳥姿，柔美又肯定的延長線與細雕弧度，宛如鳥禽或悠揚或婉轉的啼鳴，讓觀者的思緒隨之翱翔於寫實與虛幻之中。

　　這兩根「百鳥柱」，和拜殿龍牆
的龍雕、虎牆的虎刻，都是台北石匠
張木成1948年參與修復時的作品。

1.刻有螃蟹的八角形柱珠。
2.壓艙石臺階。
3.龍邊武將右手舉戟，下方騎象童子雙手舉
　磬牌，取「戟磬」、「吉慶」諧音。
4.虎邊武將左手舉旗，下方童子雙手舉球，
　取「旗球」、「祈求」諧音。
5.拜殿虎牆石雕。
6.拜殿龍牆石雕。
7.三川殿內的「百鳥柱」。

鑿花傳神韻　忠孝故事傳

　　隨三川中門一對圓雕石獅的視線向上，滿目盡是該宮古蹟建築特色與工藝價值所在的木雕，刀法皆乾淨俐落且刻意反映人物精神、靈獸神韻。

　　懸掛如燈的蓮花吊筒，蓮瓣層疊，以透雕手法仿花籃竹編紋理的花籃，非巧匠無法雕成，吊筒上的豎材刻神仙人物和靈獸，插角為古代人物透雕，呼應三川中門正立面的格扇門，格心也是人物鏤空雕，據所雕內容看來，應以《三國演義》故事為主軸。

　　虎邊格心為「關羽護嫂」；話說曹操以二十萬大軍進攻徐州，劉備、張飛中計兵敗，徐州、小沛陷落，只剩關羽嚴守下邳，曹操素愛關羽武勇，有意招降。翌日，關羽中夏侯惇之計被困土山，下邳陷落，劉備妻小落入曹操之手，關羽提出只降漢獻帝非降曹操等條件降曹。曹操雖愛才惜才，處處討好，但關羽獲劉備信息後欲辭曹操，曹操避不見面，關羽修書告別，並將財帛與官印原封留於宅中，請嫂嫂上車後離去。

　　格扇門兩邊裙堵為麒麟浮雕，麒麟為四獸之一，除有迎賓送子之意外，臺灣寺廟雕麒麟，姿勢多數「身往外、頭向內」，意喻居民出外打拼，賺了錢要返鄉造福鄉里。

1.三川中門前圓雕石獅。
2.中門正立面格扇門，虎邊格心圖案「關羽護嫂」。
3.中門正立面格扇門裙堵「麒麟浮雕」。
4.雕塑敷彩「南清宮姑孫相會」。
5.雕塑敷彩「盧凌王招親」。

雕塑敷彩美　名匠留佳作

　　三川殿內龍虎兩壁彩繪，1948年修復時由府城匠師陳玉峰承做，1969年蔡草如依原圖修復仿作，但蔡草如仿作時部分題字仍保留陳玉峰原跡，如「盧凌王招親」、「秦叔寶羅成雙比武」即是，「秦叔寶羅成雙比武」一作仍可清楚看到陳玉峰落款年分為己丑年（1949），另蔡草如依原圖修復仿作的「百花釀酒圖」落款年分為己酉年（1969）。

　　陳玉峰的作品以細緻優雅著稱，並帶入光影、注重比例等技法，影響臺灣現代傳統彩繪作品風格甚深。他參與該宮修復時，獨子陳壽彝甫自臺南市立中學肄業，也參與這次彩繪工作，陳壽彝表示，當時父子倆常從臺南搭乘清晨五點多的第一班火車到旗後工作，有時一忙，兩三天才回家一趟，當時殿內兩壁的雕塑敷彩都是陳玉峰親自雕作上彩。

　　雕塑敷彩分為壁塑、影塑、體塑、圓塑四類，陳玉峰採用略同於西洋浮雕的「壁塑」工法，古代匠師相傳「塑三畫七」術語，說明浮雕彩塑需高超的技與藝，也點出敷彩的重要性。

雕樑畫棟美　縣令喜送匾

　　拜殿懸有多方匾額，其中一方光緒十五年（1889）的「鑑觀不爽」匾額，常讓遊客錯愕不解，其實沒有人膽敢對媽祖「不爽」，「爽」意指違背、失誤，「不爽」意謂不曾違背、不曾失誤，鳳山縣令正堂李鑑有感於每次來拜拜，雕樑畫棟之美「每一次」都讓他流連忘返，因此送來這方匾額。

　　鳳山縣令所言不假，三川牌樓面已讓人目不暇給，宮內各殿插角主題更是變化萬千，有象徵富貴的牡丹鳳凰、張鰭作泅泳大海狀的鰲魚、擷取歷史故事的人物細雕，還有拜殿和正殿供桌的立體龍紋等，無不精雕細琢，而該宮另一具古蹟價值的地方，當屬正殿的「三通五瓜」棟架，然而經數百年香火煙燻，該宮棟架已成黑色，通樑上的彩繪被遮蔽殆盡，兩邊「大通」下各雕兩個鰲魚插角，也不見原來彩繪顏色，加上宮方在「大通」下方安裝長型日光燈管，雖能增加正殿亮度，卻也讓棟架被忽略，儘管如此，瑕不掩瑜，該宮正殿棟架不凡的工藝技巧，展現出該宮為地方信仰中心的寬度與高度。

　　正殿還有一個具古蹟價值的地方就是「廟中廟」，正殿神龕就像座小型廟宇，龍柱、門窗、屋脊等皆以木料雕成，不僅雕工精美，整座神龕置於宮中，形成獨特的「廟中廟」。這麼多獨具巧思的裝飾藝術，難怪鳳山縣令會流連忘返而送匾。

正殿神龕與「廟中廟」。

「鑑觀不爽」匾額。

正殿供桌木雕立體龍紋。

分靈廣濟宮　日治香火盛

　　旗後天后宮主祀媽祖，木雕「開基大媽」據宮方的說法，應是徐阿華回中國邀同鄉來臺定居時從湄洲分靈而來，當時一起請來的還有拜亭桌下的石雕虎爺和左廂房的石雕香爐。

　　「媽祖宮」成為旗後聚落的主廟後，當時住在中洲的居民要來拜拜，必須經過一處墓園，先民對經過墓園的忌諱加上兩地漁民之間偶有糾紛，乾隆元年（1735）首次分靈到中洲，建「廣濟宮」。

與開基「大媽」一起請來的石雕香爐。

開基「大媽」。

明治二十八年（1895）日人治臺後，對民俗活動初始採取寬容政策，地方廟會慶典照常舉行，大正二年（1913）5月17日該宮舉行媽祖祭典（作醮），當時全市人口約四、五萬，但前來祭拜的信徒多達一萬五千餘人，盛況空前；昭和元年（1926）再擴大舉辦媽祖祭典，活動為期4天，當時所有漁民都停止作業，並以自家船隻往來旗後和哈瑪星之間，接送參拜的信徒，這是該宮香火最鼎盛的時期。

大媽巡中洲　化居民心結

1998年2月10日，開基362年「大媽」首度出駕渡海，遠行高雄市區，並坐鎮高雄燈會，成為參拜信眾與賞燈遊客的焦點。同年4月12日，「大媽」首度遶境中洲地區，此行之所以會被視為地方大事，源於昭和七年（1932）媽祖出巡時，開路將軍為鐘府中軍神轎，起駕時辰將過，神轎任由旗後信眾怎麼請都請不動，但中洲居民請駕，竟應聲而起，旗後居民或許覺得顏面盡失而與中洲居民有心結，並在該次遶境途中演出全武行，自此，兩個部落的神明互不往來。直到1998年2月「大媽」坐鎮高雄燈會，中洲信徒在大老見證下擲筊央請並獲「大媽」同意，4月12日遶境整個旗津區，終於化解兩個部落的恩怨。

媽祖聖誕日　遶境後犒軍

農曆3月23日，為主祀神「媽祖」聖誕，該宮舉行媽祖遶境、廟埕演戲酬神、友廟前來祝壽、家家戶戶擺香案迎駕等隆重祭典。當日黃昏，在廟埕犒賞神兵，供五味碗、燒甲馬、刈金，稱為「犒軍」。

泥塑千里眼。

泥塑順風耳。

聚落人文。

早年，漁獲是旗後居民主要的經濟來源，該
宮歷經三次重修而且用的都是當時最昂貴的材料、
聘請最知名的匠師，可見旗後漁民每年都在媽祖庇佑
下漁船滿載，其中尤以每年冬至前後，來自中國長江流
域出海口的「烏魚」隨洋流南下，沿著臺灣海峽從新竹以南
至屏東、恆春等水域。

烏魚拜媽祖　烏金滿漁船

據《熱蘭遮城日誌》第一冊記載，由於捕撈水產代價豐厚，中國沿岸
漁民願意冒險遠渡臺灣海峽進行季節性捕撈，當時中國漁民來臺
灣捕烏魚，必須先到臺灣府（今臺南）登記請領牌照，
再轉往打狗附近漁場作業，有了漁獲必須先到臺灣府
繳稅後再返回中國。

耆老表示，冬至前後，烏魚洄游到臺南以下至林園附
近，這時烏魚最肥美，烏魚子也最飽滿，這段時間漁民若在
海上發現烏魚群，就像發現金礦一樣興奮，若捕獲的是雌魚，將

卵加工成「烏魚子」出售，更能賺進大把大把的鈔票，漁民暱稱為「烏金」，為了能滿載「烏金」入港，漁民虔誠向媽祖祈求。當地至今還流傳「烏魚拜媽祖」之說，今旗津渡船口尚未改建大樓前，從該宮可以直視第一港口，據說每年烏魚汛時，魚群會群聚宮前海面跳躍，狀似「歡喜」來「朝拜」媽祖。

日治奠基礎　晉造船王國

除了近海漁業，日治時期旗後奠下遠洋漁業和造船基礎，如今旗後走遠洋路線的「討海人」還不少，至於造船工業，二次大戰前，旗後町、平和町一帶就有超過十家大小不一的造船廠，包括昭和十二年（1937）日人投資成立的「株式會社臺灣船渠會社高雄工廠」等，中日戰爭爆發後，昭和十六年（1941）日人整合旗後當地造船廠，配合軍事使用興修船隻，昭和十七年（1942）改為「臺灣造船株式會社」，同時成立造船技能者養成所，訓練造船技術人才，直到1945年戰爭結束。

二戰後，原有的造船廠房除被國民政府接收外，部分被民間占用或整修後繼續經營，1950年代政府鼓勵建造漁船，直到1970年代以前，旗後地區共有35家修造船廠，造船技術也從木殼漁船提升到鋼殼船隻，及後進入黃金時代的遠洋漁業也帶動民間船廠蓬勃發展，1980年代，臺灣已晉身全球造船王國，同時跨入遊艇產業。

1987年，「嘉鴻遊艇」成立，如今已成長為臺灣和亞洲最大的玻璃纖維遊艇廠；2003年，「中信造船廠」所屬的「高鼎遊艇公司」成立，專門建造大型鋼鋁質豪華遊艇，同年接獲LV集團總裁改造豪華遊艇的訂單引起國際矚目，並於2006年造出臺灣自製的第一艘鋼鋁遊艇「斑笛朵號」，一舉讓臺灣品牌的豪華遊艇在全球市場打響名號，旗後也成為臺灣最重要的遊艇製造基地。

新船發麻薯　遠洋拜王船

旗後地區直到1980年代近海漁業還很發達時期，當地只要有新造船隻，船東會將空船拖到正對該宮的第一港口海面上，除在船上設香案祭拜外，所有人員會到宮內拜拜，禮畢，大放鞭炮並分送麻薯給民眾共沾喜氣，等到船內設備裝置完成，首航時，新船一樣開到第一港口海面，所有人員先到宮內拜拜，禮畢，除大放鞭炮外，新船會在宮前海面上繞行3圈後再出港，首航載著漁獲入港時，必須先到宮內拜拜，答謝媽祖庇佑，之後才將漁獲送到市場販售。

該宮左廂房有一艘受媽祖指示保存供奉的王船，據說是從中國漂流而來，但年分不可考，旗後在日治時期開始發展遠洋漁業和商船至今，船東出航前都會來拜王船，點平安燈並為王船「添載」，就是準備船上會用到的柴米油鹽等日用物資祭拜，祈求此次經商或捕魚能「滿載而歸」。

旗後天后宮大事記。

1673年	閩籍漁民徐阿華為躲避颱風來到旗後，後回鄉邀洪、王、蔡、李、白、潘六姓到旗後捕魚為生，並建「媽祖宮」為守護廟。
1691年	人煙漸稠，徐阿華擔心廟地被侵占，糾合六姓向清朝提出「開墾契書」，共同劃定界地。
1765年	居民籌資重建，將茅草竹屋改成石造小廟。
1859年	各船戶間相互約定並鐫勒「船戶公約碑」。
1867年	媽祖宮前渡口頒立「汎口私抽勒銀示禁碑」。
1886年	信眾呈獻巨型鑄鐘一口。
1887年	洋商張怡記號召下大規模重修，並更名「旗後天后宮」。
1926年	信眾蔡吉六等人發起第二次大規模重建。
1948年	當地仕紳蔡文賓和居民發起籌資進行第三次大規模重修，禮聘台北石雕匠師張木成、臺南彩繪匠師陳玉峰、臺南剪黏匠師葉鬃等承做建築裝飾。
1969年	葉進益等人修復剪黏。
1974年	以洗石修建四周圍外牆。
1985年	奉內政部函指定為三級古蹟。
1996年	辦事處、香客休息亭、碑座等竣工。
1998年	2月，主祀神「大媽」首度出駕渡海，遠行高雄市區並坐鎮高雄燈會；同年4月，「大媽」首度遶境中洲地區。
2001年	2月，主祀神「大媽」再度遠行高雄市區並坐鎮高雄燈會。同年12月，依增訂文化資產保存施行細則第76-1條規定，改為市定古蹟。

特色景點旅行地圖。

　　旗後一帶是高雄市開發甚早的區域之一，市定古蹟除旗後天后宮外，還有「旗後砲臺」、「旗後燈塔」、「打狗公學校」3處，另有兩個分別紀念工殤與臺灣兵的紀念公園，還有夏日戲潮的旗津海水浴場、適合親子騎單車出遊的旗津海岸公園、全國第一座風力發電的旗津風車公園，都是不容錯過的特色景點。現在，就讓我們坐上全國僅存的人力三輪車，來一趟旗津之旅吧。

往來於旗津和哈瑪星之間的渡輪。　　旗津輪渡站。　　旗津的海產新鮮又好吃。

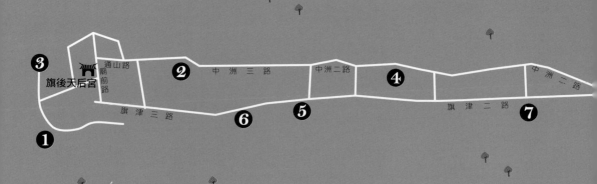

市定古蹟──旗後砲臺

　　旗後天后宮後方的通山路，可通往「旗後砲臺」和「旗後燈塔」。

　　「旗後砲臺」是同治十三年（1874）發生「牡丹社事件」之後，隔年，清廷派欽差大臣沈葆楨來臺籌設海防事務，興工修築「旗後砲臺」（威震天南）和「打狗砲臺」（雄鎮北門）共扼打狗港。明治二十八年（1895）日軍接收臺灣時從打狗港後方旗津海岸發動攻擊，門額被擊中，「威震」二字被毀。

　　二次大戰末期，日軍擔心盟軍如法炮製，便發動旗津第一公學校學生及皇民奉公會成員，在砲臺大門下方山腰處挖四座山洞，儲放野戰砲及彈藥，防備盟軍由此登陸。

　　今「旗後砲臺」入口處是重新修復時為方便民眾參觀所開闢的通道，若以正門為參觀動線，首先映入眼簾的是紅磚牆上的門額，門額前缺「威震」二字，1991年修復主持人李乾朗教授表示暫無資料可參考，「威震」二字只以近似字體刻陰線於門額上。有關門額所缺二字有二說：一為大正四年（1915）劉範徵、謝鳴珂來此地旅遊，並於《臺灣旅行記》一書提到其門額為「砥柱天南」；二為昭和二年（1927）陳錫如在《留鴻軒詩文集》之〈旗山記〉中提到「營門圖書，威振天南」。

　　正門進來可以看到一間間營房，接著進入指揮中心，這裡有兩道風格截然不同的階梯，右邊為中國式工法，左邊為西洋式工法。過了指揮中心就進入作戰區，上方四個角落皆設有砲臺，清朝時安裝「阿姆斯壯填彈砲」，日治時期因軍事需求大砲被銷融，二戰後乏人管理成了斷垣殘壁。1985年奉內政部函指定為二級古蹟（2001年依增訂文化資產保存施行細則第76-1規定改為市定古蹟，下同），1991年修復，1995年開放參觀。

　　2000年臺灣進行第二屆民選總統選舉時，面對中國的武力挑釁，國軍在砲臺北側面向旗津海岸處，構築兩座戰防砲陣地，並布置兩門大砲以為防備，直到新任總統宣誓就職後，這兩門大砲才撤離，只留砲陣地作見證。

市定古蹟──打狗公學校（旗津國小）

打狗公學校的前身是明治三十年（1897）日人所組「打狗俱樂部」捐款，在旗後山麓臨水宮夫人廟裡成立的「打狗國語（日語）傳習所」，明治三十一年（1898）7月改名「打狗公學校」，10月創校，大正三年（1914）遷校到現址，大正十年（1921）改稱「高雄第一公學校」，1945年二戰後更名為「旗津國民學校」，1968年臺灣實施9年國民教育，改為「旗津國民小學」至今。由於位處海濱，為加強遮陽、擋風雨功能，建築採東西兩邊圓形迴廊式設計，這種近百年歷史的教室建築，校區內還完整保留8間。1999年指定為市定古蹟。

市定古蹟──旗後燈塔

沿「旗後砲臺」指揮中心旁的木梯而下，有一條小路可通往「旗後燈塔」，幽靜山路可看到日軍和國軍在不同時期所建碉堡，可見此地戰略上的重要性。

光緒八年（1883）水師副將王福祿聘英籍工程師，在旗後山北端山頂上興建一座方形紅磚燈塔，維護夜間進出打狗港船隻的安全，如今，在「旗後燈塔」左側仍留有清朝舊燈塔遺跡，1985年奉內政部函指定為三級古蹟（2001年改為市定古蹟）。現有的燈塔為日治時期為擴建高雄港於大正五年（1916）重建，兩年後竣工。燈塔前方空地，可俯瞰整個高雄港及第一航道輪船進出，視野相當遼闊。

女性文化地標──勞動女性紀念公園

「二十五淑女墓」位於旗津國中旁，源於1973年一艘由中洲開往前鎮的民營渡輪，因超載加上機械故障，航行中不幸翻覆，造成25名任職前鎮加工出口區的未婚女子罹難，為了悼念罹難者及喚起市府對航運安全的重視，將她們合葬稱為「二十五淑女墓」。

此事件讓勞工安全與權益逐漸浮上檯面，1984年立法院通過「勞動基準法」，三百多萬名勞工的基本生存權和工作權獲得保障。高雄市政府於2008年4月28日「國際工殤日」將二十五淑女墓改建為全國首座「勞動女性紀念公園」，並列入臺灣女性文化地標之一。

紀念臺灣兵──旗津戰爭與和平紀念公園

位於旗津三路上的「戰爭與和平紀念公園」，2005年奠基破土，2009年完工，是全國唯一紀念參與大東亞戰爭、國共內戰、韓戰等戰役亡故的臺灣籍軍人的園區。

無論是統治主權的更迭或政治環境的變化，人民往往受限於時代，僅能被動地扮演當代的歷史角色，然而，這些被迫背著不同國旗的臺灣籍軍人，他們從高雄港登船，辭別故土，日籍臺灣兵向左航行到南洋，臺籍中國兵向右遠赴華北，浴血作戰屍曝荒野，不但無法落葉歸根還被刻意遺忘，臺籍老兵協會與高雄市政府特成立此紀念公園，讓數萬名因戰事犧牲的臺灣兵得以歸鄉，同慰生者與逝者。

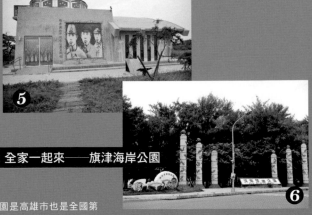

全家一起來──旗津海岸公園

環保風力發電──旗津風車公園

該公園是高雄市也是全國第一座兼具觀光、環保功能的風力發電休閒公園，園內設置7座造型獨具特色的「三葉式風車」，所發電力足夠公園夜間照明約4小時，大型風車前設有觀海看臺和表演廣場，園區廣達7.5公頃，相當適合踏青、野餐、放風箏。

全區規劃為海水浴場、觀海景觀步道、綠野區、自然生態等四大區，其中，海水浴場是高雄人夏日戲潮消暑的首選，平坦的黑色沙灘，可以漫步，可以做沙雕，還可以追著螃蟹跑，是個適合全家老少出遊的景點。海洋公園管理站設有「貝殼展示館」，貝殼種類多達三千多種，為東南亞之最。

楠梓
天后宮

距離楠梓火車站約500公尺的「楠梓天后宮」，
舊稱「楠和宮」，位於楠梓老舊街區核心位置，
往昔是楠子坑街的中心點，18世紀作為臺南府城
直達鳳山縣治（左營）交通孔道沿線重要市集之一的楠子坑街，
當時有「三山歸一坑，前街透後巷」之說，
日治時期設有支廳，二戰後為北高雄農業、教育、行政和醫療中心。
兩百多年來，政權幾度更迭，
位處交通要道上的楠梓天后宮卻始終是楠梓地區的信仰中心，
一百多年前，藝師們雕塑的鮮活交趾陶人物，
彷彿喃喃訴說著昔日繁華，
附近巷弄內留存的傳統合院建築，
一磚一瓦都是滄海桑田。

歷史沿革。

有路有橋　始立宮廟

　　楠梓昔日概稱「楠梓坑」，但在不同時期有不同寫法；康熙二十四年（1685）
蔣毓英《臺灣府志》寫「南馬坑」，康熙三十三年（1694）高拱乾《臺灣府志》寫
「楠仔坑」，乾隆二十九年（1764）《重修鳳山縣志》寫「南仔坑」，光緒二十年
（1894）年《鳳山縣采訪冊》寫「楠梓坑」，日治時期《鳳山廳館內概況》寫「楠梓
坑支廳」。

　　據蔣毓英《臺灣府志》記載，臺南府和鳳山縣治之間設有「舖舍」，作為兩地傳
遞公文之用，其後，高拱乾在《臺灣府志》中詳細說明各舖之間的里程，其中，「楠
仔坑舖，南抵興隆舖一十七里、北抵中衝舖一十三里。」

　　荷治以來，南臺灣的開發以臺灣府城為中心，其與鄰近地區往來的管道就是「府
治大道」的「北路」、「中路」及「南路」。清朝治臺後，「南路」為臺南府城直達
鳳山縣治（左營）的交通孔道，早已發展出沿線市集，其中包括楠梓坑街。

橋樑對楠梓坑地區的開發具指標性意義，1694年高拱乾《臺灣府志》載有：「楠仔坑橋在觀音山里，參將吳三錫修。」可見楠梓坑橋建於1694年之前，據現存於楠梓天后宮內的「重修楠梓坑橋碑記」所載，乾隆三十八年（1773）在歲貢鄭南金等人統籌下重修，並由木橋重建為石橋，這次重修不僅得到鳳山知縣劉亨基等官員支持，捐獻者還包括歲貢、太學、貢生、監生、生員等地方識士，可見當時楠梓坑一帶文風鼎盛，教育水準頗高，另從諸多商家都在捐獻名單中，顯見當時商號林立，經濟熱絡。

　　「楠仔坑舖」應在康熙五十八年（1719）之前便掘起為「楠仔坑街」，成為「南路」沿線主要市集之一。康熙五十九年（1720）《鳳山縣志》載：「鳳山縣轄九里、二保、六莊、一鎮、十二社。」楠仔坑街應屬仁壽里，當時已經出現楠仔坑街、楠仔坑舖、楠仔坑橋，由此推知，楠梓坑在當時已是鳳山縣轄重要地標之一，且開發已具相當規模，楠梓坑街應已成為鳳山、旗山、岡山三地的交會點及貨運集散地。

　　乾隆二十九年（1764）《重修鳳山縣志》〈卷五典禮志──壇廟項〉中的天后宮廟內，首次出現「楠梓天后宮」的相關記載：「乾隆二十七年（1762），知縣王瑛曾

「鄧邑侯禁碑」。

64

重建（按縣治興隆莊左營埤頭街、阿里港街、阿猴街、萬丹街、新園街、楠梓坑街俱有廟，皆里民募建。）」由此推知，該宮1762年之前應已建成。咸豐五年（1855）生員郭對揚發起重修。

惡丐橫行　立碑嚴禁

該宮東壁鑲有「鄧邑侯禁碑」，也就是「嚴禁惡丐強索橫行碑記」，據文獻記載，光緒年間，楠梓坑出現惡丐向民家強索賞銀的惡行，當時「乞丐首」一年分四季在街莊逐戶收取大筆費用還不知足，每逢街莊有人婚喪或生子彌月等事，就搶索賞銀，態度蠻橫，若有不從，就囂鬧不休，逼得縣府於光緒五年（1879）鑲立「鄧邑侯禁碑」。

碑文中強制規定丐幫，遇民間生辰、生子彌月、四月、周歲暨賽願、進行中一切喜慶事件，准向喜慶之家討錢二百文；遇民間嫁娶、喪事，有貧富之分，有力之家，定其給錢二百文，較貧人家量力酌給，至多以百文為准；並規定「乞丐首」要管束乞丐，不得三、五成群偷竊滋端，否則惟丐首是問。

刻有相同碑文的石碑共有3塊，除該宮外，觀音里大庄三山國王廟口和赤山里大將廟口各鑲立一塊，這3座宮廟都是聚落百姓信仰與匯集的場所，除方便眾人閱讀外，也藉「神威」警示惡丐。

二戰後，1946、1957、1972年皆有修復，1992年申請更名為「楠梓天后宮」，2007年指定為市定古蹟。最近一次修復是在2010年，參與匠師有剪黏潘坤地、彩繪修護仿作郭豐佐和吳杏雪、交趾陶修復仿作黃嘉宏、大木和小木王宏昭、屋脊瓦作彭雲清。預計2012年年底完工。

木飾透雕　技藝純青

　　該宮起建時便具今日兩殿兼帶龍虎護室建築格局。原有的廟埕因道路拓寬被拆，三川牌樓面緊臨馬路，少了緩衝空間，該處精彩的裝飾工藝經常被忽略，相當可惜

　　三川牌樓面簷柱設蓮花吊筒，蓮瓣層層相疊，特別之處在於蓮蓬突出，蓬內結有蓮子，蓮出淤泥而不染為花中君子，是花、果（藕）、種子（蓮子）可以同時並存的植物，吊筒刻蓮瓣與蓮蓬，寓意「開花結果」。吊筒上的豎材刻倒爬獅，龍邊為公獅戲繡球、虎邊為母獅護幼獅，「獅」與「師」同音，周朝設三公，太師為三公之首，少師也是官名，匠師以成獅和幼獅取諧音，有「代代高官」之意。

　　三川中門繪雙龍，龍邊「天龍」、虎邊「地龍」，翻騰飛舞。上方壽樑彩繪，虎邊為「老子出關」，龍邊為「皆大歡喜」，兩邊鳳形插角，鳳迴身親近牡丹，尾羽線條流暢自然，有「飛鳳通天，帶來祥氣」之意。

1

1.楠梓天后宮修復中，預計2012年年底完工。

2.蓮花吊筒蓮蓬突出。

3.三川牌樓虎邊吊筒上豎材刻母獅護幼獅。

4.鳳形插角。

1.三川中門虎邊繪「地龍」。
2.三川中門龍邊繪「天龍」。
3.三川正立面格扇門，格心圖案「螭虎圍爐」。
4.三川正立面格扇門，龍邊頂板刻琴、棋。

　　三川正立面兩邊格扇門，頂板刻琴、棋、書、畫「四藝」，虎邊刻書、畫，龍邊刻琴、棋，古人以「四藝」象徵詩禮傳家，文人雅士常以「四藝」自娛，隱喻淡泊處世精神；兩邊格心圖案皆為「螭虎圍爐」，共有三對螭虎，中間一對繪藍色，外圍兩對塗金，色彩協調用色典雅，三對螭虎與蔓草團繞成香爐和如意紋，有「事事如意，代代相傳」之意；兩邊裙板刻捲草紋，捲草具綿延不絕特性，無論是頂板的詩禮傳家還是格心的代代相傳，都希冀在虔誠信仰下「吉祥之事綿延不絕」，一扇格扇門便充分傳達民間信仰的精髓。

修復去漆　古蹟增色

除了木雕，三川步口對看堵，有該宮被列為古蹟的重要文物資產──交趾陶。

虎邊身堵的童子，右手舉長旗，旗頂有戟，左手拿球，腰間繫磬牌，所有配飾取「祈求吉慶」諧音；龍邊身堵的童子手捧花瓶，瓶內插荷花，「荷」與「和」同音，「瓶」與「平」同音，有「和平」之意，其中，持花瓶童子旁有「咸豐丁巳年冬月（1857）」落款。

正殿背牆的「關聖帝君寶訓」，488個字的內文，加上落款超過五百字，寶訓兩邊「鳳毛麟趾」、「鶴算龜齡」對聯，全部都是交趾陶，落款年分為「咸豐戊午年梅月（1858）」，另外，三川

三川殿龍邊堁頭「騎獅武將」。

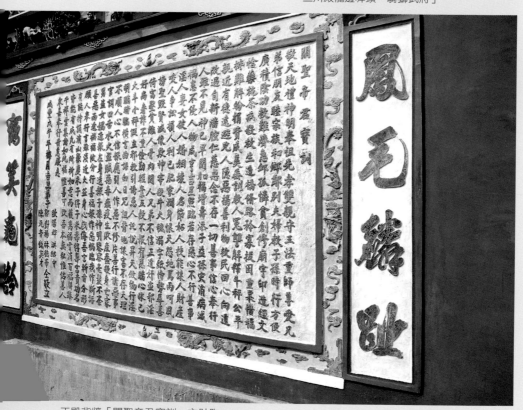

正殿背牆「關聖帝君寶訓」交趾陶。

殿龍邊墀頭的騎獅武將、後殿步口對看堵身堵虎邊的「麻姑獻壽」（身體原件，頭部仿作）、龍邊的「南極仙翁」半立體交趾陶，以及正殿後方龍邊邊脊牌頭的麻姑（身體原件，頭部2010年修復時仿作），據推應同為咸豐五年（1855）重修時所作，相當珍貴。

這種集雕塑、彩繪、窯燒等工藝於一身的交趾陶，18世紀中葉從中國傳入臺灣，有兩大系統源流，一為泉州的水彩釉，一為潮州的寶石釉，寶石釉色彩穩定亮麗又有脫俗美感，臺灣藝師以「葉王」為代表性人物。惟該宮交趾陶只見落款年分，目前仍無法確知是哪位藝師所作。

正殿和三川殿山牆鵝頭墜和帶狀水車堵，原飾以泥塑、交趾陶人偶和靈獸，二戰後的數次修復以現代瓷偶汰換下，交趾陶原件所剩無幾還被覆上油漆，2010年修復時以「去漆劑」將表面油漆除去，重現交趾陶原有古樸釉色與面貌，為古蹟「增色」不少，部分缺損原作也盡量修復仿作。

該寺屋簷頂端的「瓦當」（筒瓦覆蓋到檐邊時所裝置的圓形瓦片）和兩個瓦當之間的「滴水」（瓦當與瓦當之間所設置倒三角型狀的瓦片，除裝飾外還可導引雨水。）全部都是交趾陶，這種「大手筆」在國內寺廟中相當罕見。另一個欣賞交趾陶工藝的地方是龍邊護室。

4

1. 三川步口對看堵，虎邊身堵拿旗童子交趾陶。
2. 三川步口對看堵，龍邊身堵捧花瓶童子交趾陶。
3. 後殿步口對看堵身堵，虎邊「麻姑獻壽」半立體交趾陶。
4. 後殿步口對看堵身堵，龍邊「南極仙翁」半立體交趾陶。

兩邊護龍　藝師鬥牆

　　該宮起建當時或1855年重修時，龍虎護室對看堵採「對場作」，也就是俗稱的「鬥牆」或「拼場」。這種方式是同時將工程發包給兩個單位，雙方各修建一邊，完工時鄉親父老都會親臨欣賞，雙方功力馬上分曉。從作品內容來看，當初是以「清供博古」為創作圖案，就是在博古架上置瓶花供果，旁有如意、拂塵、香爐等，龍邊護室用交趾陶，虎邊護室用磚雕。

　　磚雕又稱「磚刻」或「磚畫」，1624年荷人治臺後，為興建城堡和教堂，從中國請來工匠燒製磚瓦，此舉對臺灣建築產生深遠影響，隨民生經濟富裕，原是建材的紅磚逐漸從實用品發展出「磚雕」工藝，工匠在特製質地細密的土磚上，雕刻物像或花紋，而與木雕、石雕並列為三雕之一。

1.龍邊護室「清供博古」交趾陶。
2.虎邊護室「清供博古」磚雕。

磚雕分「窯前雕」和「窯後雕」。「窯前雕」又稱「軟雕」，就是在磚的土胚上刻繪後再入窯燒製成品，表現層次雖較豐富，但窯燒時土胚遇高溫會變形，燒成後拼圖常會移位，畫面無法完整。

該宮的磚雕為「窯後雕」，又稱「硬雕」，就是在燒製完成的磚塊上創作，由於磚塊質地硬、易粉碎，難度相當高，非巧匠無法完成，「硬雕」的鑿刻痕跡分明，線條凹凸有致，由於磚塊材質容易風化且不耐風吹雨淋，該宮磚雕雖置護室對看堵內，歷經百多年歲月難免斑剝，但是這種「老化」更添古蹟歲月之美。

脊頂剪黏　螭首散水

該宮剛修復完成的剪黏色彩鮮豔，讓人眼睛為之一亮。三川殿脊頂為雙龍護財子壽三仙；福星手抱嬰孩、祿星高戴官帽、壽星手拿仙桃，意謂「吉星高照，富貴長壽」，大脊為「鳳凰四季花」，鳳凰為百鳥之王，有鳳來儀表太平盛世，小港脊虎邊為「松鶴延年」、龍邊為「白菊雞」；菊月為農曆9月，「雞」與「家」臺語音同，

三川殿脊頂剪黏「雙龍護財子壽」。

民間新居落成「入厝」請客，第一道菜一定是「雞」，有「起家」之意，2010年參與修復的匠師潘坤地臆測，當時作「白菊雞」或指該宮農曆9月「入廟」。

正殿脊頂作「雙龍護寶塔」，大脊雙面皆作剪黏，前面為「兩對瑞禽四季花」，後面為「孔雀四季花」。

正殿與三川殿屋頂之間有天溝，天溝兩側山牆作泥塑「散水螭首」排水口，據傳，龍生九子，螭吻排行第二，外形似獸，性好望遠，常立於屋簷、殿脊，又愛冒險，常熄祝融之災，因此被塑於寺廟高處排水口，螭首開口散水有「澤被蒼生」涵意。

1.「白菊雞」剪黏。
2.天溝兩側山牆泥塑「散水螭首」。
3.正殿脊頂剪黏「雙龍護寶塔」。
4.正殿與三川殿屋頂之間有天溝。
5.正殿後方龍邊邊脊牌頭，麻姑交趾陶頭部2010年修復時仿作。

頒匾表功　花罩精美

　　由於腹地較小，該宮三川前簷並沒有龍柱，民眾進入宮內直接就是三川殿兼拜殿，再往內是正殿，為了讓狹仄空間更有層次感，特意將山牆分成兩段，三川殿與正殿不作棟架而是直接將桁置於山牆上，山牆上緣留設凹洞，桁木可插入壁體一半，稱「擱檁式」作法，讓該宮在有限空間下仍展現地方信仰中心該有的恢宏氣度。

　　走入宮內，三川殿兼拜殿的龍虎兩牆，皆施泥塑彩繪，龍牆作單龍，攀雲駕霧；虎牆作開口單虎，特別之處在於眉毛和觸鬚用牙籤表現，一根根「銳利」且「立體」的眉毛和觸鬚，更顯威猛。

　　正殿上方懸「神昭海表」匾額，原匾為雍正四年（1725）依水師提督藍廷珍所奏，康熙六十年（1721）「朱一貴事件」奉命率軍來臺時，在媽祖護佑下安然渡臺，朝廷特頒此匾給臺南大天后宮。

　　該宮據臺南縣下營鄉黃清淵所撰《茅港尾紀略》，書中記載地方耆老傳說，乾隆五十一年（1786）「林爽文之變」時，楠梓坑和茅港尾（臺南縣下營鄉）兩地義軍首領助清軍平亂而殉職，朝廷為感念兩地宮廟功勞，乾隆五十五年（1790）特複製此匾給兩廟，懸於正殿。

　　正殿神龕花罩木雕精美，主題皆取吉祥用語諧音，例如菊花叢中嬉戲的黃雀，「菊」與「舉」諧音，「黃」與「歡」諧音，表示「舉家歡樂」；雙鳳於牡丹花叢中鳴叫，寄寓「花開富貴、鸞鳳和鳴」；喜鵲站在梅枝上，意謂「喜上眉梢」等。1972年修復時，神龕門楣改用當時流行的「塑膠花罩」，2010年修復時，塑膠花罩年久脆化斷裂，改由葉經義木雕13堵牡丹，左右兩邊神龕牆壁也增施彩繪，左邊繪鳳和牡丹，右邊繪稚雞和山茶花，皆由郭豐佐打稿，吳杏雪彩繪。

1.正殿神龕花罩木雕。
2.正殿神龕右邊繪稚雞和山茶花。
3.正殿神龕左邊繪鳳和牡丹。
4.三川殿虎牆。
5.三川殿龍牆。

後殿壽枋 彩繪傳奇

後殿步口為「凹壽式」，棟架為「三通五瓜」，牆壁仍保留「斗仔砌」（又稱「斗砌磚」）；就是用大塊扁形的紅磚，以豎立及平放方式組立，中間保持空心，內部填塞物依地區而有不同，該宮以黏土為主，摻雜少許碎磚與石灰，這種工法的牆體相當厚實，如今已相當少見。

該宮彩繪多集中在後殿，圖案包括「四海龍王」、「太乙真人收石磯」、「洪錦伐西峽」、「五嶽山神」、「哪吒鬧東海」、「周文王渭河請太公」、「廣成子大破江沙陣」等。

哪吒就是太子爺，又稱中壇元帥，是《封神榜》中相當活躍的英雄，他是陳塘關總兵李靖的三子，所以民間多尊稱為「三太子」。相傳，哪吒在娘胎裡待了3年6個月才出生，生下時是一團肉球，其父持刀剖開，內藏健康男嬰，傳為天廷靈珠下凡。

幼年時曾在乾元山金光洞拜太乙真人為師，學隱身、土遁等法術。7歲到東海玩水，與龍王三子起衝突，不但大鬧東海還將龍王三子打死，犯下滔天大罪，龍王到陳塘關興師問罪，為了不連累父母，他剖肉還母、剔骨還父，自殺謝罪。太乙真人看他靈魂無依，心生悲憫，施法使其重生，重生後身高一丈六尺，腳踩風火輪，手持火尖鎗，有混天綾、乾坤圈等法寶，投效姜子牙帳下。

1. 後殿牆壁仍保留「斗仔砌」。
2. 後殿棟架為「三通五瓜」。
3. 後殿彩繪「四海龍王」。
4. 後殿彩繪「太乙真人收石磯」。
5. 後殿彩繪「洪錦伐西峽」。
6. 後殿彩繪「五嶽山神」。
7. 後殿彩繪「哪吒鬧東海」

四海龍王

大乙真人收石磯

洪錦伐西岐

五嶽山神

哪吒鬧東海

媽祖神諭　1713奠基

　　楠梓天后宮主祀媽祖，宮方表示，「大媽」金身應是中國移民渡海來臺時，從湄洲恭請媽祖分靈隨身保佑，平安抵達臺灣並落地楠梓坑時，先在民宅奉祀，後建廟供奉。

　　據乾隆二十九年（1764）《重修鳳山縣志》記載，該宮應於乾隆二十七年（1762）之前便建成，惟確切年分不詳。但是該宮媽祖曾降神諭，言：「廟宇在康熙五十二年（1713）奠基，歷五年而成。」該宮以1713年陳文達編撰《鳳山府志》內所繪輿圖佐證，當時「楠仔坑街」已形成，且是臺南府城直達鳳山縣治交通孔道沿線重要市集之一，自然吸引外地包括中國移民來此定居，中國移民請來的媽祖分靈通常先在民宅奉祀，後建廟供奉。

「大媽」金身。

木雕油燈。

臨時行宮神龕。

「大媽」與侍女。

大媽施法　除雄雞精

　　大正年間（約1920年前後），該宮「大媽」曾前往臺南大天后宮會香，當時二層溪一帶（今二重溪）村落發生「雄雞精」擾亂地方、姦淫婦女，村民雖用盡各種方法都無法除妖，因此每到日暮黃昏就大門深鎖，不敢出門，「大媽」途經該地時，施法為民除害將「雄雞精」收伏，居民感恩膜拜，念念不忘。

　　事經60年後，「大媽」再度前往臺南大天后宮會香，二層溪一帶居民不僅沿途放鞭炮、備香案，還出動各式藝陣迎駕，就是要答謝「大媽」當年代收「雄雞精」的恩情，至今，當地的清王宮每年農曆9月26日主祀神三府千歲聖誕時，都會朝楠梓天后宮方向設香案遙祭，感念媽祖收「雄雞精」之恩。

媽祖聖誕　發救濟米

　　農曆3月23日，為主祀神「媽祖」聖誕。聖誕前一星期，友廟便陸續擇日前來祝壽。3月22日晚上子時過後，備壽桃、壽麵、壽宴為媽祖「祝壽」。3月23日下午過「平安橋」、發放救濟米。

木雕順風耳。

木雕千里眼。

聚落人文。

　　楠梓坑早期以農業為主，稻米為最大宗，甘蔗、蔬菜次之，日治時期是北高雄農業、教育、行政、醫療中心，設有楠梓公學校（今楠梓國小）、楠梓小學校、庄役場（今區公所），早期醫療設施不足，但在該宮正門對面的楠梓街（今楠梓路）右方就有30位執業醫生，日治時期發展製糖業和初級工業，二戰後變成重工業區，幾百年間數度轉型。

特殊香米　富名在外

　　與楠梓坑淵源頗深的文人鄭坤五先生（1884～1959），一生歷經清、日、國民政府三個政權，其著作《鯤島逸史》描述清乾隆末年（約1775～1795）至道光年間（1820～1850），臺灣全島所發生的事物。該書上冊第九回寫到，世居楠梓坑的丁士才為答謝尤守己兩番相救大德，帶了不少土產以為答謝，「中間有香米一斗，此米炊飯時其氣甚香，出自楠梓坑東觀音山麓，為當地特色。相傳若移種他處則不香。至今聞猶有保留其香米粟種者。」

　　該書第十三回又說，匪賊陳光愛帶300名小賊到楠梓坑找丁士才報怨，還放火燒厝，賊人見丁家火焰沖天，已停止攻擊，匪賊心想：「……楠梓坑人，素稱富裕，倘空手回去，豈不入寶山空手回乎！於是由不得首領指揮，轉向附近富戶攻入，任意搶劫。」從這兩段描述不難想見，楠梓坑在18、19世紀，便因農產品和位居交通要道而「富名在外」。日治時期，設有果菜批發市場，臨近的大社、仁武、燕巢、梓官、橋頭等地的農產品都運到這裡批發，民風純樸、保守。

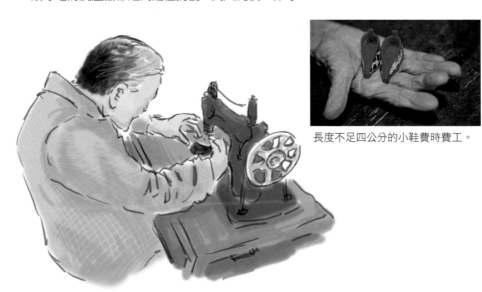

長度不足四公分的小鞋費時費工。

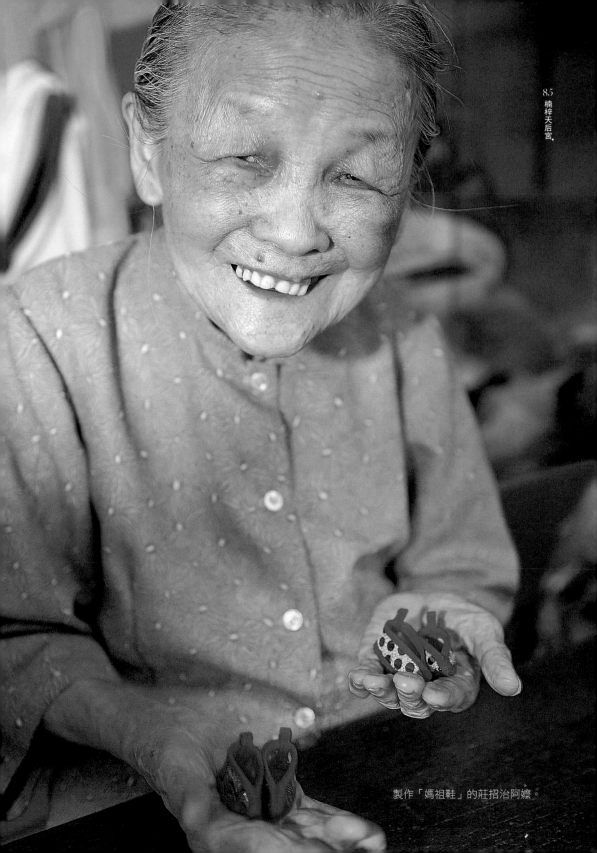

製作「媽祖鞋」的莊招治阿嬤。

媽祖指示　阿嬤製鞋

　　當地現存最溫馨的行業就是製作「媽祖鞋」的莊招治阿嬤。出生於大正十二年（1923）的阿嬤，楠梓公學校畢業後，因為戰爭無法就讀臺南家政女學校（今光華女中），二戰後才開始學裁縫，憑著天分與巧思開始她的「裁縫人生」。1984年，一對夫妻因為前一年向鳳山的媽祖廟乞了雙「媽祖鞋」，讓囝仔掛在胸前保平安，還願時需還兩雙，由於無處購買又找不到人製作，突然想到曾經跟她買過嬰兒布包鞋，於是找她幫忙。

　　阿嬤是媽祖的忠誠信徒，雖然沒做過「媽祖鞋」，但既然是還願的鞋就試做看看，阿嬤謙稱：「攏是媽祖開智慧，才能順利做好。」但是長度不足四公分的小鞋不僅費時費工，沒有一雙巧手真的做不來。已90高齡的阿嬤知道楠梓天后宮正在修復，特地製做200雙「媽祖鞋」，阿嬤說：「賣鞋的錢，全部都捐給媽祖換厝頂！」

反對五輕　捍生存權

　　保存溫馨傳統的同時，因聚落形成較早，當地也凝聚相當強的社區意識，居民保護環境和勇於捍衛自身權益的決心不容小覷，從震驚國人的「反五輕運動」可見一斑。

　　楠梓坑位於半屏山西北麓，後勁溪蜿蜒其間，後勁溪原為高雄市三大水系之一，早年曾經是水路運輸要道，也是灌溉仁武、後勁、右昌等聚落農田的重要河川，1946年設中油高雄煉油總廠（前身為日本「海軍第六燃料廠」），隨經濟起飛，煉油廠不斷擴充廠區，污染也日趨嚴重，加上1969年以降，楠梓加工出口區、仁大工業區陸續成立，以及西青埔垃圾衛生掩埋場的污水，後勁溪成了一條令人掩鼻的「黑龍江」。

　　後勁居民為了捍衛後勁溪和生存環境，1987年發起震驚國人的「反五輕運動」。雖然極力抗爭，但在鎮暴警察戒護下1990年「五輕」正式動工，但承諾25年後（2015）遷廠。

楠梓天后宮大事記。

1764年	《重修鳳山縣志》首次出現文獻。
1790年	清朝頒「神昭海表」匾額。
1855年	生員郭對揚發起重修。
1857年	三川對看堵身堵交趾陶完成。
1858年	正殿背牆「關聖帝君寶訓」交趾陶完成。
1921年	「大媽」到臺南大天后宮會香，主任委員林土城迎回「鎮南媽」一尊。
1946年	重修。
1957年	重修。
1972年	重修。
1992年	申請更名為「楠梓天后宮」。
2007年	指定為市定古蹟。
2010年	修復前殿、前殿兩邊過水廊和山牆體、後殿。參與匠師有剪黏潘坤地、彩繪修護仿作郭豐佐和吳杏雪、交趾陶修復仿作黃嘉宏、大木和小木王宏昭、屋頂瓦作彭雲清。預計2012年5月完工。

特色景點旅行地圖。

　　楠梓坑早年教育程度頗高，市定古蹟「楊家古厝」一門五秀才，傳為地方美談，由於位居交通要道，富名在外，日治時期吳姓家族為彰顯財力所蓋的第一棟「樓仔厝」，如今雖顯得破舊，卻是歷史建物。

　　當地居民1987年發起「反五輕運動」後，引發主管單位對環境的重視，如今，楠梓區擁有全國首處真正落實環保與遊憩並行的楠梓都會公園，2002年高雄市政府工務局開始規劃後勁溪的整治，河堤兩側綠廊全長7.4公里，從都會公園出發到援中港濕地，沿途經過德連橋、益群橋、右昌大橋，經興中制水閘門接中興橋至出海口，是觀察海岸生態的好景點，已成為北高雄居民休閒的新寵。

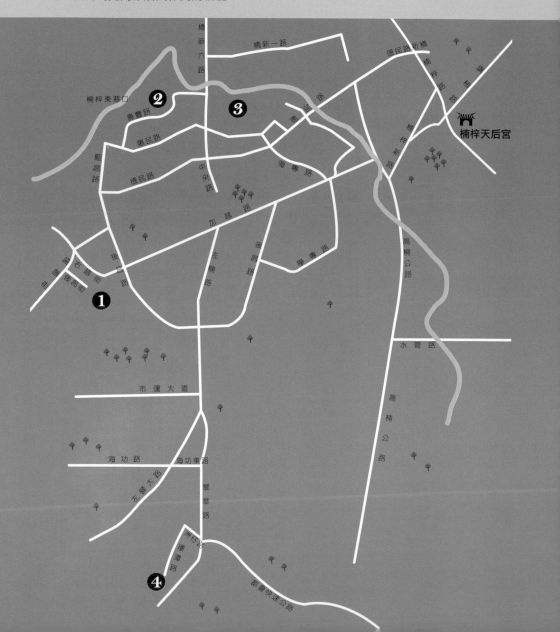

市定古蹟——楊家古厝

位於右昌的楊家古厝建於光緒七年（1882），正廳門額勒有「兄弟同科」石匾，祖籍泉州府南的楊家，追隨鄭成功來臺後世居右昌，第七代子孫楊雲峰善於刀法、楊雲漢精於騎射，兄弟取同科武秀才後同任臺南府把總，而堂兄弟楊應龍、楊步升、楊雲階，亦有文、武秀才，一門五秀才，地方傳為美談。正廳左牆壁上掛有「高雄號」飛機機翼，為第八代子孫楊清溪做環島飛行時不慎失事的遺物。

楊家古厝雖已百餘年歷史，但後人善於維護保留完整，整體建築外觀仍保存閩南「出屐起」合院式建築型態（牆壁接出屋簷處，以簷枋或斗拱出挑步口的作法，形如木屐，具遮陽功能），強調曲線，具典雅古樸之美。2002年指定為市定古蹟。

富商不敵祝融——火燒樓仔厝

大正年間（約1920年代左右），日本的建築便大量採用鋼筋混凝土，臺灣也起而仿之，當時民間認為人生的三大享受是：「娶日本某、吃中國料理、住西洋樓」，全臺各地富豪之家流行蓋「西洋樓」彰顯財力，民間俗稱「樓仔厝」，楠梓天后宮附近的楠梓東巷口，有一棟極負盛名的「火燒樓仔厝」，為地方仕紳吳姓家族所有。

據耆老表示，日治時期這棟「樓仔厝」是楠梓坑第一棟西式建築，堅固、美麗的外觀成為地方人士茶餘飯後的話題焦點。有一次，可能是家中傭人煮飯時不慎引發火災，雖然建築本體是鋼筋混凝土，但內部裝潢與家具多為木造，火勢一發不可收拾，此後，地方人士就稱這棟「西洋樓」為「火燒樓仔厝」。

環保遊憩並行——高雄楠梓都會公園

結合都市森林與生態植栽理念的高雄楠梓都會公園，是國內首處真正落實環保與遊憩並行的都市型公園，面積約95公頃，採分區開放，部分園區原為西青埔垃圾衛生掩埋場使用，1999年封場停止掩埋作業，並進行各項封場覆土及綠化工程，2009年全區開放使用。公園入口可看到地標「金雞日晷」，園區內種植大量原生植物，提供動物昆蟲棲息與食物來源，是全家老少賞蝶、賞鳥的好去處。

生態休閒新寵──援中港濕地公園

援中港溼地公園是臺灣西部海岸河口重要溼地之一。

援中港溼地公園位於典寶溪南側，總面積廣達兩百多公頃，區域內人口密度低，加上鄰近海軍軍港，管制嚴密，由於干擾少，鳥類繁多，是臺灣西部海岸河口重要溼地之一。雖然大部分溼地原已被海軍徵收，計畫闢建成「二代艦軍港」，但在高雄市政府努力爭取下，約有30公頃作為高雄市營造河口生物多樣性棲地環境的溼地公園。常見鳥類有小白鷺、中白鷺、大白鷺、栗小鷺、小鸊鷉、黃小鷺、夜鷺、東方環頸鴴、小環頸鴴、高蹺鴴等，珍稀鳥類如東方白鸛、黑面琵鷺、臺灣水雉等也有記錄。

援中港溼地公園位於典寶溪南側。

旗山
天后宮

臺灣第一代音樂家陳泗治先生（1911～1992），
昭和十四年（1939）環島旅行時，
將沿途所見大自然景色以素描方式，
寫出10個不同背景的鋼琴小品《臺灣素描》，
其中，〈蕉葉微風〉是他遊歷臺灣中南部時所寫，
若回溯1930、40年代，那是臺灣香蕉外銷的第一波高峰期，
其中以臺中州和高雄州產量最多，
當時沿途所見必是萬頃碧綠綿延不絕，
帶給音樂家極美的視覺享受和無限寬廣的想像空間。
旗山，清朝時期從默默無聞的山中村落到成為重要軍事要地；
日治時期建立現代化糖業和獎勵種植香蕉外銷，締造無限商機與財富；
1960年代，香蕉銷日再次締造另類臺灣經濟奇蹟，
然而，隨香蕉輸日受創，又從繁榮回歸平淡。
任它樓起、樓塌，
已守護居民近兩百年的「旗山天后宮」默默見證一切，且聽歷史說話。

歷史沿革。

治山要道　迅兵駐紮

旗山，昔稱「蕃薯寮」，屬臺灣縣羅漢外門里，根據《日本地名大辭典》和《臺灣地名研究》解釋，「蕃薯寮」只是一個連通里港與內門之間的小聚落。

羅漢內外門位處臺灣府治東界，內門里就是現在的高雄市內門區，外門里北由杉林庄、月眉庄，一直向南綿延到旗山街，南由溪州庄、磟磚坑延伸到嶺口。漢人約於康熙末年來此開墾，當時羅漢內外門的大傑顛社平埔族群分布甚廣，隨漢人不斷移入，雙方衝突日增，加上羅漢內外門一帶諸峰環列、路徑狹仄，成為宵小聚集之處。

康熙六十年（1721），住在羅漢門養鴨為業，人稱「鴨母王」的朱一貴，舉兵抗清引發大規模民變，史稱「朱一貴事件」，該事件平息後，清朝提高對臺灣邊區駐防的重視，雍正八年（1731）下令臺灣縣分駐羅漢縣丞一員稽查地方，並派駐千總一員、把總一員及步戰兵80名，為「羅漢門內營盤」，大大提高羅漢門的軍事地位。

禁惡習碑　警羅漢腳

土地公廟是漢人農耕移民的守護神，隨漢人移民增多形成部落後，便集資興建福德祠，因此，福德祠周邊一帶，應是漢人入墾蕃薯寮最早的據點區域，乾隆十七年（1752），王必昌所繪臺灣縣圖已出現「蕃薯寮庄」。

奉憲

「奉憲嚴禁羅漢腳惡習碑記」。

然而當時羅漢外門蕃薯寮街常有無厝無家室，不事生產，遊手好閒，被稱為「羅漢腳」的男子成群結黨，白天行乞，夜晚行竊，還常將病斃的丐屍丟棄在殷商之家，勒索錢財，或丟在田頭、街衢、路巷，或吊在樹頭，藉屍嚇騙。

這些「羅漢腳」抬屍勒索擾亂庄民的行為，商民雖多次向府憲反應，但已成地方流棍的「羅漢腳」們藐視王法，照樣故技重施，乾隆四十四年（1779），臺灣縣奉臺灣府令在福德祠龍邊牆壁立「奉憲嚴禁羅漢腳惡習碑記」示禁。

人口漸稠　建廟奉祀

嘉慶十五年（1810），羅漢門巡檢移駐「蕃薯寮街」，成為迅兵駐紮盤營所在，蕃薯寮已成為羅漢外門重要的聚落，隨聚落人口漸稠，臺灣知縣薛志亮於嘉慶十年（1805）倡建天后宮，在幾任巡檢和地方紳商主導下，嘉慶二十一年（1816）地方官紳再次倡建，據現存於宮內的「興建天后宮碑志」所載，該宮從嘉慶二十二年（1817）由地方官員、仕紳與地方商號和居民共同出資興建，捐題緣金成員包括臺灣知縣薛志亮、羅漢門分司吳廷棟等官員，監生林振德、舉人陳克家等地方識士，郭協記號、泉發號等商家，及捐地的黃群生等居民。

籌建當時，由黃正鴻等32人與商號出資重刻「奉憲嚴禁羅漢腳惡習碑記」，鑲於三川門龍邊牆壁。歷經8年歲月，道光四年（1824）終於完工，後因風雨侵襲，導致樑蛀牆塌，道光二十四年（1844）居民倡議重修，「重修天后宮碑記」現存宮內。

東廂「悟真社」。

日治時期，旗山仕紳陳啟雲，擔憂臺灣本土母語在日人的教育薰染下會逐漸失傳，於是積極拜訪地方仕紳、耆老，共同研討宣傳本土語言文化的重要性，於昭和二年（1927）成立「悟真社」，借用該宮東廂作為教導學子的場所，並在東廂外興建一座「惜字亭」。二戰後，悟真社漸失功能而停辦，「惜字亭」成了金爐。

　　二戰後1951年，「旗山集樂平劇研究社」成立，借用該宮西廂作為北管練習場地，南管挪至東廂練習，每月農曆初一、十五，北管和南管輪流在三川殿與正殿間的天井演奏，約1970年代遷離。

　　二戰後的幾次修復，建築本體格局大致未更動。宮方表示，1946年修復時木料購自中國福州，先海運到屏東東港，再陸運到旗山，並聘「草賢師」作三川殿龍虎堵泥塑及屋頂剪黏；1964年為因應隔年的媽祖聖誕進行修復，聘柯丁添、周義雄等木匠雕刻正殿神龕花罩與網目；1975年吳振華承做三川殿、正殿、護龍剪黏；1985年興建牌樓，潘岳雄承做彩繪。

　　2000年指定為縣定古蹟（2010年高雄縣市合併後改為市定古蹟），最近一次整體修復為2008年，左右兩間廂房仍維持原空間名稱，東廂為「悟真社」、西廂為「集樂平劇研究社」，參與匠師有剪黏葉明吉、彩繪修護正修科技大學藝術中心藝術科技保存修復組、彩繪仿作曹仙文、大木張博勛、小木鄭楠騰、泥作劉聰連、屋脊瓦作李國嶽，2011年10月完工。2012年3月29日安座。

西廂「集樂平劇研究社」。

新建牌樓　榕樹成蔭

　　該宮屬磚木構造二殿二廂建築格局，建築本體牆壁為磚造部分土角，雖位於永福街23巷內，但1985年新建的牌樓，精美彩繪與鮮豔剪黏總能引人駐足。

　　從牌樓到廟埕，空間相當寬敞，原來這裡清朝時為巡檢所在地，日治時期為市集，有見於宮前市集人潮擁擠，日人在今平和街設公設市場，以紓解宮前市集人潮，二戰後市集活動依舊，1951年「警民協會」在廟埕前蓋數棟房子，包括現在的停車場範圍稱為新生市場，1985年鎮公所要求拆除，宮方同年建此牌樓。

　　走進廟埕，附近居民三三兩兩在榕樹綠蔭下聊天，問起這棵榕樹，居民像訴說自己的孩子一樣熟稔；榕樹植於1971年，當時榕苗約50公分高，一眨眼，40年光陰流轉而過，小樹苗長成大樹，炎炎夏日已能提供一片涼蔭。

炎炎夏日時廟埕榕樹已能提供一片涼蔭。

彩繪精美、剪黏鮮豔的牌樓。

獅座討喜 門神現彩

新近整體修復完工的旗山天后宮，給人煥然一新的感覺，三川牌樓面最大特色在於木作與石作並用；腰板以上木作，腰板以下為石雕。

簷柱外設蓮花吊筒，吊筒上的豎材刻倒爬獅，「二甲栿」兩邊以鏤空技法刻鳳形插角；鳳沿二甲栿弧度飛行，尾羽輕飄，姿態優美。後方「壽樑」兩邊雕鰲魚插角，「壽樑」上的彩繪以神仙傳奇故事為主，包括「化石成羊」、「陳塘關哪吒出世」、「太乙真人伏哪吒」、「黃石公噴飯成蜂」。

三太子李哪吒位居統帥宮廟五營神兵的中壇，又稱中壇元帥，臺灣宮廟常以泥塑、剪黏、彩繪等方式描述李哪吒的種種形象與故事，祂的出生與被太乙真人收伏等過程，是《封神榜》中最具傳奇性的故事；「黃石公噴飯成蜂」是一種道家奇術，指口中吐出的飯，盡化成飛蜂；

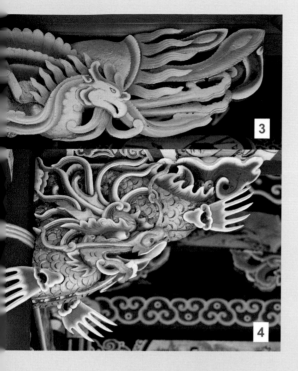

「化石成羊」說的也是道家異術，只要念口訣就可將石頭變成真羊。

兩邊步通上置獅座；獅頭渾圓，獅鬃如雲朵隨風抒捲，模樣討喜可愛。步通下的員光鏤空雕花鳥，刀工精美。三川中門兩邊格扇門，格心內藏兩對螭虎，中間一對口咬如意，兩對螭虎相互糾盤，線條亂中有序，宛如行草。

門神繪秦叔寶和尉遲恭，兩側邊門門神分別為太監和宮女，這六扇門的彩繪層2008年修復前有污損、細裂紋、脫落、擦痕、刮痕等劣化狀況，但整體而言狀況尚佳，髒污使用「濕式直接清洗」修復，就是用棉花棒沾濕清潔溶劑在髒污上直接清洗，以不傷害原有彩繪層的前提下儘量做到確實清潔，並在清潔程度中保留「古色」質感。

1.蓮花吊筒與豎材上的倒爬獅。
2.新近整體修復完工的旗山天后宮煥然一新。
3.「二甲榜」鳳形插角。
4.「壽樑」鰲魚插角。
5.三川牌樓壽樑彩繪：「化石成羊」。
6.三川牌樓壽樑彩繪：「陳塘關哪吒出世」。

1.三川牌樓壽樑彩繪：「太乙真人伏哪吒」。   5.三川虎邊邊門門神：宮女。

2.三川牌樓壽樑彩繪：「黃石公噴飯成蜂」。 6.三川中門門神：秦叔寶、尉遲恭。

3.三川步通上的獅座。   7.三川龍邊邊門門神：太監。

4.三川中門格扇門，格心圖案「兩對螭虎」。

母儀稱后慈範長垂

聖德配天神光番堅

5

后德巍巍靈分寶嶼遍施聖澤潤山坡

天恩浩蕩祥發湄洲普濟慈航安海

上仰神庥靜治安瀾

天行聖道祐民護國

6

7

龍柱貼金　泥塑傳神

　　三川牌樓面另一精彩處在腰板以下的石雕和兩邊對看堵的泥塑。

　　三川前簷和正殿各有一對石雕「雲龍柱」；單龍攀附，龍頭在下，匠師稱為「雲從龍」作法，有別於其他廟宇龍柱用鏤空雕，該宮龍柱以浮雕技法刻出龍的形態，線條簡單卻傳神，兩對龍柱的柱珠也不相同，三川前簷為「蓮座形」，分16瓣，正殿為「鼓形」，上緣浮雕花草紋，與中門前的一對圓雕石獅，應同為清朝文物。

　　1964至68年間，是旗山香蕉外銷的高峰期，為臺灣賺進大筆外匯的同時也為旗山人帶來龐大財富，兩對龍柱在1964年修復時，龍身被貼上金箔，並以黑漆點睛、描邊，古味盡失，2008年整體修復時改塗金漆。

　　三川中門兩邊格扇門裙板石雕，虎邊為「幼鹿孝親」，龍邊為「松鶴延年」，幼鹿跪地反哺、仙鶴啣靈芝孝親，揭示「孝悌之家，必有後福」。

1

1.三川中門前圓雕石獅。
2.三川中門格扇門，虎邊裙板石雕
　「幼鹿孝親」。
3.石雕「雲龍柱」。
4.三川中門格扇門，龍邊裙板石雕
　「松鶴延年」。

2

山城

工藝
之美

高雄找廟趣

1

3　**4**

三川步口兩邊對看堵裡外兩組泥塑彩繪，看似熱鬧卻隱含多種含意，靠近簷柱的一組，虎邊身堵塑八仙之一的藍采和，裙堵塑孔雀牡丹，意謂「花開富貴」；龍邊身堵塑八仙之一的李鐵拐，裙堵塑丹鳳朝陽，象徵「天下昇平」。

靠近中門的一組，虎邊身堵塑雙虎，裙堵塑具辟邪作用的祥獅；龍邊身堵塑雙龍，裙堵塑象徵迎賓送子的麒麟。山牆墀頭有「憨番扛廟角」（又稱力士扛廟角）泥塑，衣服施以彩繪，滿臉鬍渣的臉龐作氣喘吁吁狀，表情疲累又無奈。

1.三川對看堵虎邊身堵塑雙虎。
2.三川對看堵龍邊身堵塑雙龍。
3.三川對看堵虎邊裙堵塑祥獅。
4.龍邊山牆墀頭「憨番扛廟角」。
5.虎邊山牆墀頭「憨番扛廟角」。
6.三川對看堵龍邊裙堵塑麒麟。

剪黏仿作　瑰麗重現

　　該宮色彩鮮豔的剪黏，讓人忍不住多看一眼。2008年整體修復時，剪黏由葉明吉承做，他是臺南匠師葉鬃的孫子，1945年二戰結束後，很多寺廟進行修復，因需求量驟增，葉鬃建議玻璃廠生產彩色玻璃作為剪黏材料，該宮1946年修復時正好趕上這股潮流，當時「草賢師」全部用彩色玻璃作剪黏，葉明吉這次參與修復也延用此材料，由於古蹟修復只修補損壞部分，所以近看不難發現玻璃片新舊交雜的情形，但是玻璃材質保存狀況良好加上經過刷洗，修復後的剪黏讓該宮外觀更顯富麗堂皇。

　　三川殿脊頂剪黏為雙龍護財子壽三仙，四爪青龍兩旁各立一鶴，燕尾兩端飾丹鳳，垂脊四個牌頭以八仙故事為題材，三川步口水車堵，龍邊為「渭水聘賢」，虎邊為「三顧茅廬」。

　　正殿脊頂為雙龍護寶塔，兩側廂房脊頭前為獅子，後為孔雀，廂房與三川前簷的門樓為鰲魚，巧妙處在鰲魚嘴內裝「落水管」（又稱洩水管），屋頂雨水可從此管排出，鰲魚張口吐水，有「澤被眾生」涵意。

1.三川殿脊頂剪黏「雙龍護財子壽」。
2.三川殿脊頂「財子壽」三仙特寫。
3.三川殿垂脊牌頭之一，圖右張果老、圖左韓湘子。
4.三川殿垂脊牌頭之一，圖左藍采和、圖右何仙姑。
5.三川步口水車堵，龍邊剪黏「渭水聘賢」。
6.三川步口水車堵，虎邊剪黏「三顧茅廬」。

廂房脊頭上的獅子。

棟架工藝　無懈可擊

　　從三川步口的大規壁、三川殿到正殿,都可
欣賞該宮古蹟工藝的另一個精華——「棟架」。
一般寺廟內的棟架因長年煙燻變黑或位置較高,
民眾較不易發現與就近欣賞,該宮三川步口大規
壁的棟架,是對古蹟建築有興趣的民眾相當好的
範例,此處採「一通一瓜」式,加強穩定構件的
短柱刻瓜狀,瓜體形狀優美色彩典雅。

　　三川殿為「二通一瓜」式,由於三川殿與正
殿間並未夾拜殿,兩殿中間的天井光線充足,飾
以彩繪的「大通」、「二通」和刻成瓜狀的短柱
清晰可見,兩邊「大通」下各雕兩個鰲魚插角。

　　正殿棟架用「三通五瓜」式,通樑飾以彩
繪,兩邊「大通」下各雕兩個鰲魚插角。

1.三川殿棟架為「二通一瓜」。
2.三川步口大規壁棟架為「一通一瓜」。

正殿棟架為「三通五瓜」。

九龍花罩　蟾蜍插角

　　正殿神龕是該宮木雕藝術另一精華處，目前所見為1964年修復時，柯丁添、周義雄等木匠所雕。

　　正殿神龕花罩浮雕、透雕技法並用，花罩兩邊各刻兩龍，騰雲而上，罩頂龍首兩旁各雕兩龍合計九龍，龍首上額「天上聖母」，花罩前一對木雕龍柱為鏤空雕，兩旁木雕窗，身板圖案上方為3隻蝙蝠，蝙蝠下有兩對螭虎相互勾繞，中間綴以紅蓮，蝙蝠取「蝠」與「福」同音，螭虎為勇猛之獸，雙雙對對相互勾繞有「繁衍」之意。

　　神龕屋頂作網目斗拱，就是連成一片的看架斗拱，是頗為複雜的木工技巧，所雕人物與靈獸皆具象徵意義，如「增長天王」、「持國天王」、「多聞天王」和「廣目天王」，依四大天王職司象徵「風調雨順」之意，另有白象與祥獅等靈獸，白象是普賢菩薩的座騎，象徵長壽與智慧，獅為文殊菩薩的座騎，象徵威猛與大行。

正殿脊頂剪黏「雙龍護寶塔」與神龕。

正殿木雕還有一個極罕見的構件，就是「二甲栱」兩邊的三腳蟾蜍插角，國內寺廟中的插角圖案多為龍、鳳、花鳥、人物，用三腳蟾蜍圖飾的極為稀少，尤其用在正殿，民間認為三腳蟾蜍為招財的象徵，典故出自「劉海戲金蟾」；這隻很會咬金銀珠寶的三腳蟾蜍精，後隨已入仙籍的劉海濟貧助世。

　　由於經年累月焚香，正殿彩繪層煙燻情況嚴重，已呈黑褐色，完全遮蔽原有圖案，且有細裂紋、起甲、剝離、脫落等劣化情形，2008年修復後，正殿彩繪終於得見本來面目，此處彩繪有別於三川牌樓的道家傳說與異術，多與文人雅士和佛教故事有關，如「採菊東籬下」的閒適淡泊、「鳥巢禪師渡白居易」的慈悲禪機。

正殿「二甲栱」三腳蟾蜍插角。

信仰與傳說。

一木三尊　互稱姑婆

　　旗山天后宮主祀媽祖，宮方表示，這尊已有三百多年歷史的「開基媽」金身來自一截漂流木，這截珍貴的肖楠在荖濃溪上漂流，被住在土庫的民眾撈上岸，民眾發現漂流木晚上會發光，經請示後刻成三尊媽祖神像，由於是同一塊木頭所刻，這三尊媽祖以「姐妹」互稱，里港雙慈宮在頭段，稱「大姑婆」；尾段在屏東天后宮，稱「二姑婆」；該宮居中段，稱「三姑婆」，直到1960年代，三間宮廟彼此會香時，信眾仍以「姑婆」互稱。

　　該宮會議記錄也顯示：1959年到里港雙慈宮進香、1967年到里港雙慈宮祝賀新建鐘鼓樓安座，時任管理委員的林金環簽請主任委員林景星時寫到：「里港聖母與天后宮聖母為同賢姊妹之緣故，所以指示本天后宮需敬獻銅鐘一個、土庫要敬獻鼓一個。」可見該宮與里港雙慈宮互動密切。

　　該宮的這尊「開基媽」，初始在民宅供奉，後建媽祖廟供奉，這座媽祖廟的位置距離現址約50公尺，今旗山戲院後方當地人稱為「竹籬笆」的地方，留存的文物為擺置於正殿媽祖神像前上鐫嘉慶丁丑年（1817）的石材香爐。

「開基媽」金身。

木雕千里眼。　　　　　　　　　　　木雕順風耳。

嘉慶丁丑年石材香爐。

　　該宮另有一尊五尺八寸（約175
公分）全身關節可轉動的「軟身媽
祖」，關於這尊「軟身媽祖」的迎奉
眾說紛紜，有說請自臺南大天后宮，
有說是同一塊木頭雕成三個頭部，組
裝後分祀該宮與里港雙慈宮、土庫雙
慈宮，甚至有說是鄭成功率領十二旗
軍來臺時，雕作十二尊軟身媽祖安置
每艘船上，其中五尺八寸的那尊安置
在鄭氏所乘船艦，該宮軟身媽祖即為
鄭氏船艦那尊等等。

五尺八寸「軟身媽祖」。

該宮根據耆老陳中萬（1931～）的說法，這尊軟身媽祖約1947年間，聘請中國木雕師到臺灣，在該宮雕刻、組裝而成。

經濟興衰　遶境便知

隨地方經濟興衰，該宮的遶境遊行從1950至70年代有很大的改變。

早期，元宵節只放煙火，但自1960年代開始，元宵節改遶境遊行3天，媽祖聖誕遶境遊行3天，也就是每年農曆1、3月僅相隔兩個月，便舉辦兩場大型遶境遊行，原來這段時期是臺灣香蕉外銷的黃金年代，旗山拜香蕉經濟所賜累積不少財富，經濟能力大幅提升的同時，旗山人不忘歸功媽祖的庇佑，因此藉由大型遶境遊行活動，感謝並彰顯媽祖神威。

但是，1969年發生「金碗案」（又稱「剝蕉案」）後，香蕉產業一蹶不振，由於大型活動需仰賴經濟支援，香蕉產業蕭條後，1969年每年遶境遊行兩次改為一次，就是3年元宵遶境、1年媽祖聖誕遶境，之後，元宵遶境取消，如今每4年舉辦媽祖聖誕遶境一次。

媽祖聖誕　特殊敬桌

農曆3月23日，為主祀神「媽祖」聖誕，每年3月22日晚上子時過後，備壽桃、壽麵、壽宴為媽祖「祝壽」，聖誕前後幾天廟埕前演戲酬神。

逢4年一次（生肖：鼠、龍、猴）媽祖遶境，傳統上3月20至22日遶境，境內懸平安燈、家家戶戶擺香案迎駕，部分民宅會殺豬宰羊設「敬桌」，媽祖神轎經過設「敬桌」民宅時要「下馬」讓民眾膜拜，之後，民眾擲筊，允一聖杯後，媽祖神轎再「上馬」繼續行程。設「敬桌」為當地特殊遶境文化。3月23日當天施放煙火，特殊之處在於選擇空曠處將煙火綁在竹竿上施放，所有神轎輪流在煙火下繞行，各顯神威。

旗山拜香蕉經濟累積不少財富。

坤德配天

天開上聖基母

臨時行宮神龕。

聚落人文。

　　吳瀛濤編著《臺灣諺語》收有旗山俗諺：「旗山媽祖廟，疼惜出外人。」這句俗諺說明，旗山從清朝便是重要交通孔道，日治時期實施都市計劃，加上糖廠和香蕉產業的發達，「旗山好攢食」之說不脛而走，當然吸納包括溪州、臺南、美濃、中國等地民眾移入。

繁華起落　知足常樂

　　無論是外來人口尋求心靈寄託，或是「有燒香有保庇」的心理，原就香火鼎盛的旗山天后宮，除本地人之外，出外人也喜歡到這裡拜拜，因為是移民社會，居民更具包容性，出外人只要循規蹈矩就不會被排斥，只要認真打拼，即便是異鄉客一樣可以創業發財。

　　例如來自臺南的謝敬忠，自幼隨父親到旗山做餅為生，後來考上臺南師範，畢業後當教師，後來幾個兄弟合創「功學社」，以旗山為據點拓展生意，此外，從中國福建來的阮寶治是西裝師傅、泳利鐵店負責人陳榮燦是廣東人。各行各業、南腔北調齊聚旗山，這句俗諺除展現媽祖的慈悲為懷外，也點出旗山人「包容」、「不排除異己」的聚落人文性格。

　　另外，無論是香蕉外銷巔峰時期的富庶，或產業沒落後的蕭條，旗山人始終保有「庄稼人」的勤奮、樸實、知足與仁厚，以2011年獲十大香蕉達人的劉吉和為例，他放棄都市穩定的工作，回鄉作「蕉農」，種出連專家都讚不絕口的香蕉，2009年莫拉克颱風引發「88水災」重創旗山，劉吉和的蕉園也全軍覆沒，但因為對土地的感情和對「香蕉」的感恩，在家人全力支持下，繼續堅守「蕉農」崗位。

旗山天后宮大事記。

1816年	居民倡議擇地建天后宮。
1817年	動土興建。黃正鴻等出資重刻「奉憲嚴禁羅漢腳惡習碑記」。
1824年	完工。立「興建天后宮碑志」。
1844年	居民倡議重修，立「重修天后宮碑記」。
1946年	重修，聘「草賢師」作三川殿龍虎堵泥塑及屋頂剪黏。
1947年	聘請中國木雕師來臺灣雕刻並組裝「軟身媽祖」。
1964年	因應隔年的媽祖聖誕進行修復，聘柯丁添、周義雄等木匠雕刻。
1971年	植廟埕榕樹。
1975年	重修，吳振華承包三川殿、正殿、護龍剪黏。
1985年	興建牌樓，潘岳雄承做彩繪。
2000年	指定為縣定古蹟。
2008年	整體修復，參與匠師包括剪黏葉明吉、彩繪修護正修科技大學藝術中心藝術科技保存修復組、彩繪仿作曹仙文、大木張博勛、小木鄭楠騰、泥作劉聰連、屋脊瓦作李國嶽。
2010年	高雄縣市合併後改為市定古蹟。
2011年	10月修復完工，歷時3年多。
2012年	3月29日（農曆3月8日）安座。

特色景點旅行地圖。

　　旗山老街在2001年文建會舉辦的「歷史建築百景徵選」活動中，被票選為第24名，這條街上有見證旗山繁榮與興衰的市定古蹟「旗山農會」、歷史建築「旗山亭仔腳（石拱圈）」和「旗山火車站」，另外，該區的市定古蹟還有朗朗書聲依然響亮的「旗山國小」，和如今已轉型為「旗山生活文化園區」的「舊鼓山國小」，對旗山人而言，「旗山糖廠」、「盧廷故居」都記錄著往日的鎏金歲月。

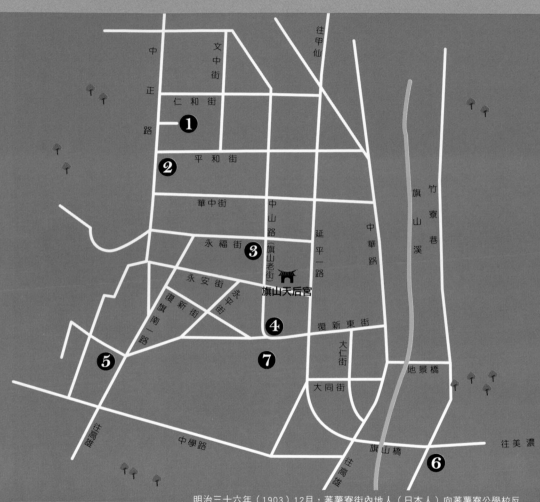

市定古蹟——舊鼓山國小

　　明治三十六年（1903）12月，蕃薯寮街內地人（日本人）向蕃薯寮公學校反映，約有10名內地人子弟已屆就學年齡，然當地教育機關未備，懇請蕃薯寮公學校收容。因此，蕃薯寮公學校內開始日、臺子弟共學。明治三十九年（1906）6月，「臺南尋常高等小學校」開始派遣教師，專門教導公學校內的內地人兒童，亦即在蕃薯寮公學校內實施日、臺分開授課。明治四十二年（1909）4月，「蕃薯寮尋常高等小學校」正式成立，首任校長上野喜一郎，校舍仍以公學校充用。

　　大正元年（1912）6月，小學校新校舍正式落成後遷出，大正九年（1912）改稱「旗山小學校」，昭和十六年（1941）改稱「旗山國民學校」，二戰後1968年改稱「高雄縣旗山鎮鼓山國民小學」。2001年鼓山國小新校舍落成搬遷後舊校舍成了閒置空間，2000年指定為縣定古蹟（2010年高雄縣市合併後改為市定古蹟），2003年委外經營並命名為「旗山生活文化園區」，園區內保留小學校司令臺和圓拱廊禮堂。

市定古蹟──旗山國小

旗山國小成立於明治三十一年（1898），原名「蕃薯寮公學校」，最初為木造校舍，2000年指定為縣定古蹟（2010年高雄縣市合併後改為市定古蹟）的「石拱圈校舍」約於大正年間（1920年代）改建。該校舍整棟建築的基地為矩形，一樓為圓拱廊，二樓為平拱廊，形成有趣對比，拱廊外牆為磨洗細石，並在屋簷、雨遮、柱頭以水泥條加強線條，整體造型洗練優美，透露典雅氣質。

市定古蹟──旗山農會

旗山農會成立於大正三年（1914），時稱「蕃薯寮信用購買販賣利用組合」，昭和元年（1926）為擴大服務民眾，在現址興建二層西洋式大樓，昭和五年（1930）完工後正式遷入啟用，是當時旗山地區最高的建築物。該棟建築特殊之處在於為了順應街道走勢，臨街切四十五度為入口，上面有一簡單山牆，左右兩翼樓下開方窗，線條簡潔，1959年增建3樓。1998年指定為縣定古蹟（2010年高雄縣市合併後改為市定古蹟），目前仍持續營運中。

歷史建築──旗山亭仔腳（石拱圈）

旗山亭仔腳，分磚造、石造兩種；磚拱圈亭仔腳臺灣各地都有，但石拱圈亭仔腳卻是旗山老街獨有的建築特色，這種「亭仔腳」始建於1909年間，今中山路、平和街、延平路以及華中街所圍構出的街廓，採用旗尾山下的沙岩，每一個圓拱由31塊砂岩堆成，轉角處最為別緻，藉由迴廊內部牆墩，分出3道圓拱，呈放射狀散開，弧度優美。

創建於1910年代的旗山火車站開通初期，復新街一帶陸續仿建「亭仔腳」街屋商店。1993年因拓寬道路，今中正路與中華路整排「亭仔腳」被拆，如今只剩旗山火車站四周可見。2005年登錄為歷史建築。

見證萬頃碧綠──盧廷故居

盧廷故居的磚砌「福」字窗。

被地方耆老稱作「香蕉廷仔」的「香蕉大王」盧廷，雖富甲一方，平日依然一身被「香蕉乳」染黑、俗稱「香蕉衫」的衣褲。有一天，他穿著「香蕉衫」到旗山農會領錢，雖是超級大戶仍照規矩排隊，但櫃檯小姐看他「庄稼人」好欺負，輪到他時把他擺一邊先招呼別人，等了一個多小時，終於輪到他時便賭氣說：「攏總領出來。」由於旗山農會大半的存款都是他的，「攏總領出來」農會馬上倒閉，最後總幹事親自出面道歉，還揚言要開除櫃檯小姐，宅心仁厚的盧廷反倒為她求情，旗山農會自此再也不敢「以貌取人」。

歷史建築──旗山火車站

日治時期，為了方便甘蔗原料和糖廠運輸，臺灣製糖株式會社在明治三十八至四十一年間（1905~08）從夏威夷引進「糖鐵」，即俗稱的五分仔車輕便鐵道網，創建於1910年代的旗山火車站設立後，客貨兩用的五分仔車往來於旗山美濃、九曲堂之間，並連接縱貫鐵路通達屏東、鳳山和高雄，在交通不便的時代是相當重要的運輸工具。1979年全線廢止客運，2005年登錄為歷史建築，2009年修復完成後開放參觀。

種甘蔗乎會社磅──旗山糖廠

創立於明治四十二年（1909），原名「高砂製糖株式會社」，隔年與「鹽水港製糖株式會社」合併，改名「鹽水港株式會社旗尾製糖廠所」，昭和二年（1927）讓渡給「臺灣製糖株式會社」。無論日治或國民政府時期，蔗農長期遭受糖廠和資本家的剝削，農民辛苦終年所得卻相當有限，所以民間出現：「第三憨，種甘蔗乎會社磅」的俗諺。1945年二戰後，納入臺灣糖業公司經營體系至今。2002年停產，近年轉型為旗山糖廠公園。

19世紀（道光年間），中國流傳〈勸人莫過臺灣歌〉中：「直至海墘，從省偷渡，不怕船小，生死天數。自帶乾糧，番薯菜脯，十人上船，九人會吐。」描寫先民渡海來臺的悲嘆與危險，也點出島國人民與海為伴的地理環境，在臺灣有文字記載以來的四百多年開發史中，「媽祖」對島國人民的影響相當深遠，高雄市被列入古蹟的天后宮包括：旗後天后宮、楠梓天后宮、旗山天后宮。

彌月未聞啼聲

據乾隆年間重修的《臺灣府志》所載，媽祖出生於中國福建省興化府蒲田縣東南海中的湄洲嶼賢良港，父親林愿，宋代官至都巡官，宋太宗建隆元年（960）3月23日亥時出生，由於出世彌月未聞啼聲，父母取名「默」。

林默8歲從師讀經史，過目成誦聞一知十，鄉里間稱為「神童」，9歲研讀《金鋼經》，10歲朝夕焚香頌經禮佛，16歲觀井得神授銅符，以無限神力驅邪救世，鄉里驚為「神人」。此後，逢災救災，逢難救難，無不應驗。宋太宗雍熙四年（987）9月9日登上湄山，在仙樂迎迓下羽化得道。

歷代皇帝敕封

林默得道後威靈顯赫，上為國家保衛社稷，下為生民拯溺濟困聖德昭彰，各代皇帝均有敕封。

宋代，宣和五年（1123）封為「順濟夫人」；紹熙元年（1190）晉爵為「靈惠妃」。元代，至元十八年（1281）封為「護國明著天妃」；天曆二年（1329）封為「護國輔聖庇民顯佑廣濟靈感助順徽烈明著天妃」。

明代，洪武五年（1373）封為「明孝純正孚濟感應聖妃」；永樂七年（1409）封為「護國庇民妙靈昭應弘仁普濟聖妃」；宣德五年（1431）明宣宗派知名航海家三寶太監鄭

和第七次也是最後一次下西洋，因風飄至臺南，于大井頭汲水，《續修臺灣府誌》記載：「……明宣德年間，太監王三寶舟下西洋，因風泊此。」世傳其為湄洲媽祖香火播臺之始

清代，康熙十九年（1680）封為「護國庇民妙靈昭應弘仁普濟天妃」，康熙二十三年（1684），施琅平定臺灣，鑒於臺灣先民深信媽祖靈佑，為收攬民心遂奏請將臺南的寧靖王府改建為天妃宮（另有一說，據康熙諸羅縣令季麒光所著《蓉洲文稿》所提，寧靖王府被改建為天妃宮之前，王府內便存在天妃宮廟），並以媽祖顯佑濟師，奏請誥封媽祖，據〈康熙起居注〉提到，施琅奏請誥封媽祖，禮部議不可行，但令致祭，康熙遂加封為「護國庇民妙靈昭應仁慈天后」，並派禮部官員主持祭典，廟稱「大天后宮」）；道光十九年（1839）封為「護國庇民妙靈昭應弘仁普濟天上聖母」。因歷代的敕封，媽祖又被稱為：天妃、天后、天上聖母，或簡稱聖母，臺灣民間有「媽祖婆」暱稱。

臺南「大天后宮」成為清朝治臺最早的官建媽祖廟之後，媽祖信仰在臺灣民間蔚成風潮，俗諺有：「臺南迎媽祖，百百旗。」因「旗」與「奇」臺語諧音同，意謂，臺南迎媽祖不但五光十色鮮豔奪目的旗幟蔚為旗海，各式各樣的藝陣和藝閣也讓人眼花撩亂，大為驚奇。

媽祖婆和大道公鬥法

媽祖婆和大道公（保生大帝）之間的鬥法，是臺灣民間家喻戶曉的故事，臺語俗諺有：「大道公和媽祖婆鬥法，風雨齊到。」另有：「媽祖婆雨，大道公風」等說法。

據說，大道公和媽祖婆兩位神仙都逢災救災，逢難救難，因此經常見面，大道公對媽祖婆的美麗與仁慈相當傾心，漸漸萌生愛意，有一次鼓起勇氣「真情告白」卻被拒，心生怨恨，農曆3月23日媽祖聖誕祭典時，大道公就施法降下大雨，不但把媽祖婆淋成落湯雞，臉上的胭脂花粉也被雨淋花了，媽祖婆掐指一算，知道是大道公的傑作，隔年3月15日大道公聖誕祭典時，她也施法刮起大風，把大道公的烏紗帽吹落水溝。從此，大道公與媽祖婆每年都會在對方聖誕祭典時施法，就是要讓對方「難看」。

美濃
庄頭伯公與
里社真官

美濃最富盛名的東門樓門邊，
常見當地居民三三兩兩在樹下小憩、聊天，
然而外地觀光客走近一看可能會覺得很奇怪，
怎麼在古城門邊的大樹下有著一座大墳？
又，十幾年前龍肚「里社真官」，因道路拓寬險遭切穿，
在當地居民與美濃愛鄉協會極力爭取下逃過一劫的消息在媒體持續曝光後，
許多好奇的外地民眾前往一窺究竟，
卻常以為跑錯地方，因為眼前所見根本就是座墳墓？
這一切或許是閩客對土地公造型認知的差異，也是因為對美濃的信仰文化陌生所致，
由於三面環山、地形封閉，加上百分之九十以上的居民為客家族群，
美濃因而保存了特別完整的客家文化。
客家人稱土地公為「伯公」，
最初的「伯公壇」（土地公廟）是利用碑石興建成墓塚式建築，
因為沒有神像，乍看之下與一般墳墓外形雷同，
地方相信，這樣的風水造型可以帶來好運，
形成南部六堆地區特殊的伯公壇型制，
當地甚至還有把守水口的「里社真官」，全臺就只有美濃留有三座。

歷史沿革。

右堆統領　入墾瀰濃

　　客家族群大量移民臺灣，約始於康熙三十五年（1696）福建水師提督施琅過世後。黃淑璥《臺海使槎錄》卷四：「終將軍施琅之世，嚴禁粵中惠、潮之民，不許渡臺。蓋惡惠、潮之地，素為海盜淵藪，而積習未忘也。琅歿，漸弛其禁，惠、潮民乃得越渡。」

　　這些移民臺灣南部的客家人，在今屏東縣萬丹鄉四維村附近建立「濫濫庄」，為「六堆」建庄之始。隨後，大批客家人湧入，濫濫庄地狹人稠，河川又常氾濫沖蝕田地，加上四周漳泉人士進逼，於是冒險向以強悍馳名的平埔族鳳山八社地區開墾。

　　康熙四十年（1701），粵東嘉許五縣人氏林、邱、鍾、曾等姓，由濫濫庄北向至隘寮溪南岸武洛社（今屏東縣里港鄉茄苳村），向平埔族租地墾殖。乾隆元年（1736），武洛庄「右堆」統領林豐山、林桂山兄弟，領導十六姓鄉親入墾靈山、月光山、雙峰山麓，建「開基伯公」於靈山山腳下，為客家人移墾美濃之始。並在瀰濃河、羌子寮溪、竹仔門溪交滙處附近建立聚落「瀰濃庄」後，在東門邊立「庄頭伯公」。

（版權為高雄市政府客家事務委員會）。

客家先民乾隆元年入墾靈山時所建「開基伯公」。

　　康熙年間，巡台御史黃淑璥來台考察後，請工匠繪製絹底彩繪巨幅卷軸「康熙臺灣輿圖」，康熙六十一年（1722）呈康熙皇帝御覽，這份現存臺灣最早的地圖中，美濃平原尚未出現聚落，但已出現「彌濃山」，可見「瀰濃」二字在武洛客家人入墾立碑前便已存在。

　　繼林氏兄弟入墾「瀰濃庄」後，乾隆二年（1737）鎮平人涂百清等率六姓鄉親由大路關（今高樹鄉關福村）渡越荖濃溪北上，在橫山之東的「龍肚」墾殖；乾隆三年（1738）劉玉衡率二十五姓鄉親分建「竹頭背」、「九芎林」兩庄；乾隆十三年（1748）李加禮與劉達峰從瀰濃庄帶部分家族至中壇開墾奠基，李氏家族在中壇東部建「上竹園」，劉氏家族則往西發展「下竹園」，至此，美濃平原早期屯墾型態的舊部落開發儼然成形。乾隆十七年（1752）王必昌《重修臺灣縣志》所附「臺灣縣全圖」出現「瀰濃庄」。（美濃中壇、龍肚等以降的南方原野，日治時期以「南隆農場」名義開發，此段歷史另述於「南隆輔天五穀宮」一篇。）

聚落成型　廣設伯公

　　客籍墾民因水利的需求與對上蒼的感謝，往往在水源地或水圳分流處設伯公壇，一來藉以祈求神明保護水脈源源不絕，二來昭告庄民珍惜得來不易的水資源。因此，建立「瀰濃庄」後，在庄的最西端瀰濃河岸對面建「里社真官」，另兩座分別在龍肚和九芎林，這三座專管「水口」的伯公壇均位於村中水口位置，附近的水流是該村賴以維生的水源，當地人稱「社官伯公」。

　　從「庄頭伯公」的設立，可看出美濃先民對伯公的虔誠及感恩，而全臺獨有的「里社真官」，更透露出其對水資源的渴望與對水利的重視。美濃庄頭伯公及三座里社真官都歷經多次整修而成今日樣貌，茲將近年整修概況分述如下。

　　瀰濃「庄頭伯公」：又稱「東門樓庄頭伯公」，美濃先民乾隆元年（1736）在開墾的靈山山麓修建最早的「開基伯公」，並在瀰濃河、羌子寮溪、竹仔門溪交會附近建立部落「瀰濃庄」，乾隆二十一年（1756）庄民為防野獸與外族的攻擊和掠奪，四周築柵欄、架炮臺，並在東柵門外建城門樓加強防禦，於是在東門樓邊建了這座「庄頭伯公」。1984年地方上有改建為廟宇和保留原貌兩股不同的意見，當時「庄頭伯公」的主任委員到廣善堂請示，鸞文旨意不該改建而作罷，2004年庄民再度請示，所得答案依舊，因此「庄頭伯公」一直保留露天墓塚式樣至今。2000年指定為縣定古蹟（2010年高雄縣市合併後改為市定古蹟）。

市定古蹟：瀰濃東門樓古蹟範圍內之「庄頭伯公」。

瀰濃「里社真官」：據村民推測，瀰濃建庄初期即已建成，是三座「里社真官」中最早興建的，昭和十二年（1937），日人在臺強化皇民化運動，其中撤廢寺廟偶像一項，使所有的寺廟、伯公壇都難逃被毀壞的命運，庄民擔心里社真官被日人破壞，

市定古蹟：瀰濃「里社真官」。

市定古蹟：龍肚「里社真官」。（高雄市文化局提供）

曾經拆下石碑，二戰後才在現址重建，早年只要下大雨里社真官就淹水，二戰後的這次重建不僅將地勢提高，還修建成今日三座「里社真官」中作工最美的一座。1998年指定為縣定古蹟（2010年高雄縣市合併後改為市定古蹟），2011年整修。

龍肚「里社真官」：龍肚庄是瀰濃第二個建置的部落，建庄初期亦建了里社真官，初始為簡單碑石，庄民組成「伯公會」後，建造墓塚式伯公壇，為三座「里社真官」中規模最大。由於座落縣道184（今28省道），曾因道路拓寬險遭切穿，在當地居民與美濃愛鄉協會極力爭取下才逃過一劫。2004年旁邊文昌宮的「文昌帝君委員會」想把里社真官移到廟內，委員會成員向里社真官擲筊請示，但因沒有允筊而作罷。1998年指定為縣定古蹟（2010年高雄縣市合併後改為市定古蹟），2011年整修。

九芎林「里社貞官」：據耆老表示，這座里社貞官是在風水師建議下興建，日治時期強化皇民化運動，當時庄民砍伐樹木、竹子及竹葉覆蓋開基伯公壇，在執行人員配合下，逃過被毀壞命運，但旁邊的里社貞官就沒那麼幸運，碑石被推倒，庄民等這波撤廢寺廟偶像風波漸息又重新築起。1995年庄民正式搭建遮雨棚，並擴建公廁及廣場。1998年指定為縣定古蹟（2010年高雄縣市合併後改為市定古蹟），2011年整修。

市定古蹟：九芎林「里社貞官」。

露天土壘　天地相通

　　中國自古就有土地神的崇拜，《左傳》〈通俗篇〉：「凡有社里，必有土地神，土地神為守護社里之主，謂之上公。」古代土地神稱為「社」。

　　美濃境內這四座古蹟伯公壇都是露天「墓塚」型制，常被誤認為是墳墓，其實兩者有相當程度的差異，至於為何用「墓塚」型制，張二文在〈美濃土地伯公信仰之研究〉論文中佐以多本古代經書應證，包括《周禮》：「夏至祭地於澤中之方丘」，《後漢書・祭祀誌》：「方壇、無屋、有牆門而已。」

　　可見，「社」以露天土壘型式呈現是可以確定的。另外，《禮記・郊特牲》記載：「天子大社必受霜露風雨，以達天地之氣也。」社是祭土地的，需要陰氣，所以必須與天地相通。

　　至於為何採「碑門」、「內方外圓」、「化胎」（有稱墓龜或土壘）等造型，《淮南子・齊俗訓》説：「有虞氏之祀，其社用土；夏后氏其社用松；殷人之禮，其社用石；周人之社，其社用粟。」可見虞、夏、商、周四代之社不同，或封土、立石、植樹。所以社的初型便依其選擇材質的不同分為土社、石社、樹社、叢社四類。

　　張二文認為，若依這種標準來看美濃的伯公壇，碑門加封土正是石社、土社的延續；封土為社，最初是為了使「社」的位置明顯，而且土地本屬陰神，隆起有助於承受天陽之氣，使天地之氣互為流通，而眾多伯公壇總有棵蒼翠大樹在身後，則是「樹社」的遺風。

　　碑門後方突起的「化胎」，又稱「花台」，意指祠堂正廳背後隆起的土地，這隆起的土地有如座椅的靠背，意謂使宗親根基穩固，有承受天地之氣，使宗族風水永久昌盛之意，被微妙地運用在客家建築中，如陽宅的祠堂、陰宅的風水、伯公壇、廟祠建築等。

里社真官　掌管水口

　　除伯公壇外，美濃區特有的三座「里社真官」，單是名稱就讓外地遊客費解。

　　「里」，原是古代畫分行政區地域的一種制度，一般庶民以里為立社的單位，稱為「里社」，古代社神的祭祀者由天子、諸侯到地方百姓大小不一，而其中最小的社祭單位就是「里社」，《史記》〈孔子世家‧索隱〉：「古者二十五家為里，里各立社。」《白虎通》疏證說：「凡民間所私立之社，皆稱里社，自不必泥二十五家之社，始稱里社也。」而這最小單位、由民間管理的「里社」，也就是今天臺灣伯公（土地公）的前身。至於「真官」就是水神，因此「里社真官」就是掌管水源的伯公。

　　村庄大多有灌溉水路通過，位於水路上流的道路，成為村庄的入口，下流則為出口，美濃區的三座里社真官都位於三庄賴以生存的水源「水口處」（水流出口之處），且都面向聚落，有把持水口守護鄉里之意，在風水上，一般認為水就是財富，為了留住財氣，除選中好的水口位置外，還必須建築人造像，以增加鎖鑰的氣勢，徹底扼住關口，三座里社真官的作用都是護佑防止溪水沖入農田。

　　這四座伯公壇除瀰濃「庄頭伯公」外，其餘三座「里社真官」都有共同的雙交椅（有稱曲手）、水祥（有稱寶蓋）、壟牆等格局與形式，而隆起的「化胎」由卵石疊砌也是一致的作法，只是後期都被水泥覆蓋。建築形式分述如下。（由於伯公壇型制特殊，近年有多篇相關研究與論述，惟對於伯公壇各部位名稱略有差異，本文以美濃區從事傳統建築營建匠師羅登祥先生所用匠師術語為主。）

伯公壇各部位名稱

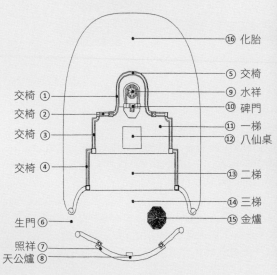

- 交椅 ①
- 交椅 ②
- 交椅 ③
- 交椅 ④
- 生門 ⑥
- 照祥 ⑦
- 天公爐 ⑧
- ⑯ 化胎
- ⑤ 交椅
- ⑨ 水祥
- ⑩ 碑門
- ⑪ 一梯
- ⑫ 八仙桌
- ⑬ 二梯
- ⑭ 三梯
- ⑮ 金爐

瀰濃庄頭伯公碑門刻「福德正神香座位」。

瀰濃庄頭伯公水祥後方的伯公樹為近年新植。

　　瀰濃「庄頭伯公」：位於美濃溪畔，依附在河畔隆起土丘上興建，與東門樓合為一個整體古蹟範圍，水祥後方的伯公樹原有一棵樹齡已近兩百歲的榕樹，因生病枯萎，庄民重新植樹，環境相當雅致且有豐富植栽與桌椅組。

　　碑門刻「福德正神香座位」，碑門兩邊浮雕瓶花，兩側以立石相護，雖有雙交椅，但因位於水岸，一梯無池，圍壟牆也不存在，但仍依稀可見殘跡，後方水祥沒有明顯壟牆界定。

　　瀰濃里社真官：位於西門橋附近的田疇中，四周都是農田，有一條6米產業道路作連接，但仍需步行約20米的田埂小路才能抵達，遠方為月光山山脈，視野遼闊。

　　碑門刻「里社真官神位」，字上有花飾分八瓣，兩旁對聯為「承天資化育，配地福無疆」，型制相當完整，包括一梯、二梯、三梯、交椅、水祥、化胎、照祥。

　　前方最外圍的「照祥」做法較為罕見；低矮石牆在碑門正中央處兩邊壟起呈圓軸

狀,中間留一個香爐的寬度,「天公爐」就設在這裡,天公爐旁有泥塑洗石子金爐,金爐頂部飾以葫蘆,交椅兩旁有一對泥塑洗石子石獅,應是後來整修時加入,石獅旁的伯公樹原為龍眼和楊桃,二戰後改植龍柏。

瀰濃里社真官是三座中裝飾最美的一座,處處可見泥塑彩繪;照祥有雙龍護珠,交椅兩邊有鳳、葫蘆、書捲、麒麟、獅頭,靈獸瑞禽姿態表情皆活靈活現。碑門後方隆起的水祥做洗石子「八卦」圖騰,共5層。

龍肚里社真官:位於龍肚里美濃區公墓對面,比28省道低120公分,兩者中間有一條寬80公分的明溝,以混凝土階梯與28省道相互連接為出入口,里社真官正前方有一駁坎,駁坎上為文昌宮。

碑門採冠頂型式刻「里社真官香座位」,上方有太極圖騰,兩旁有「龍莊」、「水口」字樣,型制相當完整,包括一梯、二梯、三梯、交椅、水祥、化胎、照祥。

此處最特別的是金爐採用敬字亭型制,造型典雅古樸。交椅相當講究圓滑線條的處理,原有泥塑彩繪,但因風化嚴重已無法辨識圖騰,因此,2011年整修時直接抹平,原有的龍眼伯公樹已被砍伐,碑門後方隆起的水祥做洗石子「八卦」圖騰,共3層。

瀰濃里社真官碑門刻「里社真官神位」。

1.瀰濃里社真官的伯公樹、泥塑洗石子石獅和交椅。
2.瀰濃里社真官水祥做洗石子「八卦」圖騰，共5層。
3.龍肚里社真官碑門刻「里社真官香座位」
4.龍肚里社真官水祥做洗石子「八卦」圖騰，共3層。
5.九芎林里社貞官碑門刻「水土里社貞官位」。

九芎林里社貞官：位於廣西里，唯一的出入口是距離里社貞官約50米的玉堂橋，右前方為九芎里「開基伯公」。

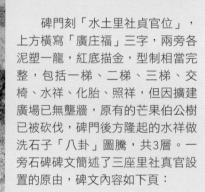

3

碑門刻「水土里社貞官位」，上方橫寫「廣庄福」三字，兩旁各泥塑一龍，紅底描金，型制相當完整，包括一梯、二梯、三梯、交椅、水祥、化胎、照祥，但因擴建廣場已無塋牆，原有的芒果伯公樹已被砍伐，碑門後方隆起的水祥做洗石子「八卦」圖騰，共3層。一旁石碑碑文簡述了三座里社真官設置的原由，碑文內容如下頁：

4

5

「九芎林貞官伯公碑文」

美濃、龍肚、九芎林三庄的社官伯公均位於村中的水口位置，附近的水流是該村賴以維生的水源。傳統的社祭壇、賴以維生的水源、開庄土地神……在最早期開墾之地依序排開，因此水口成了村莊的重要標誌，制約著整個村莊的「吉凶禍福」。此種水口處序列所形成的封閉居住空間，有利於保存祖先的人文教化與事物。

信仰與傳說

　　美濃區的伯公壇約四百座，伯公信仰在當地的重要性可見一斑，當地流傳相當多與伯公有關的鄉野傳聞，如中正湖伯公出明牌讓居民簽中大家樂，居民為了還願請來脫衣舞，結果當晚下雨還雷擊，該伯公壇前的伯公樹因遭雷劈不久就枯死，該伯公壇香火也沒落了。或有人病了一個多月，吃很多藥都沒有起色，就請人幫他向伯公祈拜，如果病好了就發起修伯公壇，幫他祈拜的人經過伯公壇時虔心祈求，這個人的病真的好了，為了還願便召集眾人修伯公壇等。即連伯公的由來也有不同的傳說版本，茲摘錄幾則傳說以饗讀者。

好心水鬼變河神

　　「真官」就是水神，關於這位水神的由來在九芎里有這麼一說；有位好心人常在美濃溪段（九芎林與竹頭背之間）牽人渡河，一天，牽人渡河時因河水湍急，雙雙被河水沖走命喪黃泉。好心人到了地府，魂魄仍留在溪裡暗中幫助渡河的人平安到岸邊，幾年後，閻羅王通知他可以轉世投胎了，但是他一方面擔心沒有人接續他的工作，並覺得助人渡河讓他非常開心，因此三番兩次拒絕投胎，後來玉皇上帝要在美濃溪段設管水的水神伯公，好心人當然是不二人選。

龍肚庄有關「真官」水神的傳說有兩則，一則是，有個捕魚的漁民，受一個水鬼幫忙把魚趕到水潭，因此魚多得不得了，而這個水鬼急著投胎轉世，便要求漁民建一個伯公。另一則是，有人看到一個長鬍鬚貌似伯公的長者顯靈，幫這位漁民捕魚，這個漁民後來召集附近居民出錢出力建伯公壇，因為是社會公眾的事，又稱「社官伯公」。

伯公是豬瘟剋星

瀰濃庄的里社真官不但管水，還是豬瘟的剋星呢。很久以前，醫藥不發達的年代，豬隻只要一染上豬瘟就難逃一死，有一年當地流行豬瘟，豬農擔心生病的豬會傳染給其他健康的豬，只要發現豬染上豬瘟馬上趕到里社真官進行隔離以減少損失，雖然知道染病的豬復元的機會不大，但豬農還是每天準備廚餘餵食，很神奇的是，原本奄奄一息的豬竟然慢慢康復，於是大家相信這是里社真官的保佑。

伯公四大福祭典

美濃區伯公的祭拜和祖先的祭祀連成一氣，早晚一柱清香、奉茶，是美濃居民家中長者的例行公事，住在伯公壇附近的居民，在祭祀祖堂前會先到鄰近的伯公壇上香奉茶。準備兩支香、一疊金紙、沏一壺茶，在伯公壇前禮拜後於「福德正神香座位」

住在伯公壇附近的居民，在祭祀祖堂前會先到鄰近的伯公壇上香奉茶。

美濃客家人家家戶戶早晚都要「點廳下火」。

前插上一支清香，另一枝插在天公爐，之後，在碑門前更換三杯清茶，天公爐前一杯清茶，然後在金爐裡焚一束「金紙」。這項祭典既簡單又隆重，卻代表美濃客家人把伯公當成家中的長者、祖先一樣看待。

到鄰近的伯公壇上香、奉茶畢，再祭祀祖堂，美濃客家人家家戶戶早晚都要「點廳下火」；「廳下」是客家人的祠堂，位於三合院的正中央，是供奉祖先的地方，早晚都要上香、奉茶，派下子孫均有義務執行，這項工作大部分由大家庭中的長者執行，如果兄弟分家，祖堂常共同持有，便由兄弟輪流執行這項工作，如果旅居在外，則要折合現金請其他宗親代勞，稱為「點廳下火」，包括祖公牌前、土地龍神前、祠堂門神、天公爐前四個地方都要上香。

據張二文〈美濃土地伯公的祭祀與聚落的互動〉論文所載，除了散佈在各處的伯公外，各個聚落仍會以較早設立的伯公或庄頭伯公為首，舉行年中的四大福祭典，即新年福、二月二日和八月二日的伯公生及滿年福。

・新年福

每年農曆12月25日的「新年福」，客家人稱「入年駕」，柚仔林莊於25日上午由福首備伯公轎，把境內的伯公一一請回柚仔林福德祠供奉，另永安庄則在下庄永安路上結壇搭「伯公屋」，供奉「美濃暨列福德正神」、「得勝公爺之神位」、「水口里

社真官神位」神龕，神龕前置放大香爐並插有代表境內伯公的小木牌，這些小木牌是由福首到各座伯公壇前迎請回來的。

到隔年元月15日晚上，準備全豬、全羊及三牲禮，結壇敬天公、敬伯公「還神」，所有庄民前來祭拜，並奉花果，之後參與全庄（瀰濃庄）的遊行遶街，境內宮廟神明亦奉請一起遊街遶境。次日，福首把伯公一一送回原座，中午「登席吃福」，又稱「吃伯公福」，登席費用為「公食公開」，費用包括前一天晚上的祭儀牲禮費用以及第二天的席金，由登席者平均分攤，每戶以一名為原則繳交席金。

・二月二、八月二日伯公生

一年兩次的伯公生（生日），大部分的庄頭會擇一作為全庄的祭典。伯公生由福首準備五牲禮，包括豬頭、熟肉、雞、魚（魚罐頭或魷魚皆可）、蛋，祭拜伯公頌讀祝文，並於當天中午「登席吃福」。

・滿年福

每年農曆11月底農閒時期，由庄內的伯公壇辦理「滿年福」，又稱「冬成福」，感謝上蒼一年來的庇祐。

「滿年福」和「新年福」不同之處，為祭典當天下午兩點左右先行「渡孤」，就是祭拜好兄弟；在露天擺幾張桌子，讓村民擺放祭品，最前面的供桌擺放五牲禮、三杯茶、五杯酒、水果和糖果各五盤、一碗清煮的空心菜，並用一個量斗當香爐，量斗上插一紙牌，上書：「水陸空三軍忠勇義士英靈、無祀孤魂園所」，桌下置一臉盆水，並擺放毛巾、線、白粉、梳子、鏡子。晚上祭祀和新年福雷同。

・二月祭與二月戲

另一個與伯公有關的祭典是每年農曆2月，瀰濃庄民都會在美濃河畔舉辦一個聯合祭典，稱為「二月祭」，並於祭典後請戲班演戲酬神，稱「二月戲」，藉以表示對各界神祇的謝意與報答土地伯公長年守護村莊的辛苦。

據劉敏昌保存的《歲次辛丑年起二月演戲彙簿》序文及儀典中的祝文看來，「二月祭」旨在求上蒼庇祐全庄黎民能夠五穀豐登，庄內全境風調雨順、國泰民安。此祭典包含三個儀式，祭河江、拜天公（還神）、祭伯公，由禮生帶領各里福首分別誦念〈祭河江伯公文〉、〈二月春祈祭文〉、〈祭伯公祝文〉。

祭典前，主事的各里福首需帶旌旗、伯公轎、僱請吹號手，把轄境的伯公一一請到壇前奉祀（以清香向伯公告明，之後將各座伯公的名稱書寫於貼有紅紙的竹片上，

恭請上伯公轎，迎回祭壇。）享宴並觀賞戲班的演出。祭典地點由三庄輪流搭壇辦理，分別為：上庄的庄頭伯公壇旁、中庄瀰濃橋旁、下庄永安橋旁。

　　瀰濃庄祭典後請戲班演戲酬神的「二月戲」，負責禮生的溫廷輝表示，很可能開庄初期就已辦理，但確實年代無從考證，日治時期因推行皇民化運動被禁，二戰後恢復舉辦。

　　張二文表示，農曆2月是美濃人掃墓祭祖的時段，家家戶戶一定得在2月擇日上墳祭拜祖先，位於美濃河畔的瀰濃庄也以「二月祭」來對無人承受的孤魂禮敬，加上美濃庄緊鄰山區對河流的敬畏，為了維繫人與大自然、人與人、人與超自然之間的平衡，美濃先賢每年春耕過後農閒時期，選定農曆2月吉日良辰，舉行莊嚴肅穆的「祭河江」盛大法會，並且邀請南北戲班盛大演出，祈求上蒼和聖佛仙神共同禳災錫福。由於屢獲神明威靈庇祐，「二月祭」從此定型。

美濃的伯公信仰。

臺灣民間稱土地公為「福德正神」，稱土地公廟為「福德祠」，美濃區客家族群稱土地公為「伯公」，稱土地公廟為「伯公下」。伯公，是對祖父兄弟的尊稱，客家人把福德正神稱為伯公，是把神明當成親屬來尊稱，足見對祂的尊敬與親暱。

開基伯公　安頓身心

土地公可說無所不管，臺灣民間凡農林漁牧都要崇拜，在美濃，伯公也是無所不管，且依其管轄範圍大小與職能冠以不同名稱，如拓墾立足奠基的「開基伯公」或「開庄伯公」，位於村中水口位置掌管水源的「里社真官」，專職水口的「水圳伯公」和「水口伯公」，聚落的「山凹伯公」、庄中的「庄頭伯公」，住家周遭的「橋頭伯公」、「井頭伯公」、「豬欄伯公」，位於夥房入口的「夥房伯公」，伯公中轄境最小的當屬家宅中的「土地龍神」，「龍神」是由境內伯公派出，其職責是守護一座夥房及掌理家宅風水。

在美濃，「伯公」已成為尊稱的代名詞，如二月祭時奉請「阿彌陀佛」，以「阿彌陀佛伯公爺」尊稱，美濃居民無論求子祠、學業、事業、富貴、平安或是服兵役，都會拜伯公，尤其是「開基伯公」或「開庄伯公」，每年都有新年福、生日和滿年福等肅穆且隆重的慶祝儀式。

張二文在〈美濃土地伯公信仰之研究〉論文中指出，「土地崇拜」的傳統存在於世界上各個民族的文化體系中，其所呈顯的深層意義就是一種「人與土地」的關係，或說「人與自然」的關係。張二文強調：「從美濃開基伯公的設立到伯公會的籌組以及散佈各角落的伯公，我們似乎可以說先民是帶著伯公篳路藍縷開疆闢土的；只要安奉了土地伯公，則心中就已經篤定。」可見，伯公在美濃先民心中扮演「安頓身心、撫慰心靈」的重要角色。

　　遙想拓墾當時，面對勢力強大的原住民威脅，在一片茫茫原野中恭立「開基伯公」，藉由伯公信仰墾民心理才能安定。

撫慰心靈　伯婆相伴

　　隨著在美濃開疆闢土有成後，與其他鄉鎮比較，張二文認為美濃具有農業人口占多數、相當比例的細小耕作戶、人口穩定的特性，加上長期以來以農業為主的社會型態，對可耕地的極盡開發和完善水利灌溉系統的要求，以及面臨不可知的自然災害，這種對未知的疑懼轉化成普設伯公壇的心理慰藉。

　　隨日治時期獅子頭水圳的開鑿、菸葉的引進，美濃經濟大為改善，經濟能力的提升也反映在伯公壇的修建，1970年代興起「廟宇式」伯公壇改建風潮，這種形制的伯公壇有部份在石碑上刻「福德正神」，有的或泥塑或木雕鬍鬚白色、面容慈祥、手拿元寶的伯公神像，致使維持露天「墓塚式」的伯公壇約剩七十幾座，其餘均改建成「廟宇式」。

　　或許是覺得伯公形單影孤太寂寞，近年來美濃的伯公壇也出現「伯婆」，境內目前有東光寮伯公、雙龜伯公和蟹湖伯公等3座伯公壇加入「伯婆」。另一個改變則是「合祀」，曾有間小小的伯公廟供奉了13位伯公，除原有伯公為神像外，其餘皆共同記載於一塊牌位上，客家人早期拓墾所到之處都建有伯公壇，但隨著社會變遷，偏遠山區居民外移又捨不得伯公無人祭拜，於是將伯公牌位遷至鄰近伯公廟合祀。

美濃
廣善堂

談到客家族群的信仰，
除了伯公就是義民廟和三山國王，
但在清末，
一種傳自中國的信仰在臺灣民間普遍流傳，
在客家族群尤其興盛的就是「鸞堂」。
鸞堂在美濃客家人的生活中扮演相當重要的教化角色，
包括宣講勸善、鸞書著作，以及慈善救濟、鋪橋造路等社會服務，
日治時期設立的「美濃廣善堂」，
近百年來是美濃區鸞堂信仰的重要殿堂，
六堆地區的「儒宗神教」大多數以此為基點向外擴展。

戒菸成功　鸞堂盛行

　　有關鸞堂傳入臺灣，坊間有多種說法，王世慶的《近代臺灣社會經濟》一書中收錄〈日據初期臺灣之降筆會與戒菸運動〉，據他考證，日人通稱的「降筆會」原稱鸞堂，或稱鸞生堂、善堂、感化堂、仙堂、勸善堂等，又稱「儒宗神教」。

　　光緒十九年（1893），宜蘭人吳炳珠與莊國香前往中國廣東省陸豐縣，發現鸞堂戒洋菸（鴉片）有效，仿樣回臺設鸞堂，但因方法不熟練效果不彰。明治三十年（1897），原籍廣東惠州的竹東鎮人彭樹滋為了戒除鴉片，專程前往陸豐縣五雲洞彭廷華家宅接受戒菸成功，彭樹滋返回竹東後將經過告知新竹辦務署參事彭殿華，彭殿華便出資邀請彭錫亮、彭錦芳、彭藹珍、彭錫慶、彭錫瓊等五名鸞生來臺，明治三十二年（1899）在彭殿華住宅籌設鸞堂，並幫助包括彭殿華等數十位鴉片癮者戒菸成功，「鸞堂」遂開始在臺灣各處盛行並漸次南進，至明治三十四年（1901）已遍及南部嘉義、鹽水港、麻豆、臺南、旗山、鳳山、東港、屏東各地。

張二文在〈高雄縣客家鸞堂的起源——月眉樂善堂與其鸞書之研究〉論文中指出，高雄縣客家地區最早成立的鸞堂是大正二年（1913）的杉林月眉樂善堂，相繼分香成立旗山鎮圓潭宣化堂、美濃鎮廣善堂，自此帶動美濃、旗山地區的鸞堂信仰。

擇善金篇　頒行於世

據《廣善堂沿革》記載，大正四年（1915），庄中耆老古阿珍首倡善行聖教，於是邀集另11名志同道合信士稱「十二同仁」，從杉林鳥仔坑三聖茅廬（今杉林月眉樂善堂）請傳「三聖神牌香案」（即「三恩主」：關聖帝君、孚佑帝君、司命真君），奉祀在「十二同仁」成員之一的古細番住宅，並議定農曆每月初一、十五，露天擺起香案，誦經禮拜。

大正六年（1917）覓得建堂用地，在信眾捐獻下購得土地，同年興建草堂，隔年完工，命堂號為「廣善堂」。大正八年（1919）奉聖諭准造鸞書《擇善金篇》頒行於世，據該堂日治時期留下的沿革誌所載，早期扶鸞鸞筆生疏，神諭降旨，勸勤做功課並回苗栗勸化堂請益，聘當時在客家聚落相當有名的扶鸞手楊福來南下坐鎮指導，在《擇善金篇》鸞務職司中，楊福來為「正鸞兼參校」。

從該堂沿革誌的這段敘述，便可釐清鸞堂在美濃的發展，即苗栗飛鳳山勸化堂傳至杉林月眉樂善堂，再由樂善堂傳到美濃廣善堂，傳到廣善堂後短短10年內，向外拓展陸續成立龍肚庄廣化堂、廣興庄善化堂、九芎林庄宣化堂、石橋庄善誘堂，甚至遠傳至六龜鄉，成立新威庄勸善堂。

該堂昭和五年（1930）增建「文昌殿」（原稱玉清宮，1996年後殿增建凌霄寶殿後，玉清宮移奉後殿，此宮改稱文昌殿），昭和八年（1933）完工。二戰後建「宣講堂」，1948年完工，1949年國民政府百萬軍民播遷來臺，1950年代左右宣講堂同時有軍隊和大陳義胞借住達數年之久，當地美濃國小1950、60年代校舍不足時期，也曾商借宣講堂為臨時教室。

1979年文昌殿屋頂拆卸重修，隔年完工，1993年興建凌霄寶殿（今玉清宮），1996年完工，同年加入中國佛教會團體會員。2005年登錄為歷史建築，範圍包括文昌殿、兩側圍牆及迴廊建築所圍繞的空地庭院，以及宣講堂。2010年發生芮氏規模6.4的甲仙地震，導致歷史建築範圍原本脆弱的結構體如屋頂、橫樑、牆體等發生明顯裂縫，已做緊急支撐處理。

中西合併　傳統構件

　　該堂登錄為歷史建築之一的文昌殿建於昭和五年（1930），為鋼筋混凝土兩層樓建築，一、二樓中央挑高為神壇，兩側護室（客家人稱橫屋）闢為辦公室與藏書室。

　　日治時期臺灣寺廟建築風格有傳統閩南式、日式東洋風、西洋歐風式三大源流，文昌殿外觀為傳統閩南式寺廟格局，屋頂採「假四垂」做法，就是在硬山屋頂中央架起一座歇山頂，形成多脊、多重簷形式，上下屋簷留有間距，有利於室內通風採光與屋頂的裝飾，為日治後臺灣新建寺廟慣用型式，但該殿又以西洋式鋼筋混凝土為建材，兩側迴廊用希臘式圓柱。

　　這種「中西合併」建築的出現，緣於大正十二年（1923）日本關東大地震時，木構與磚造建築大量被震毀，此時期西方現代主義建築思潮開始傳入日本，鋼筋混凝土建築的耐震特性受到重視，頓時成為震後建築主流，這股風潮對日本傳統建築產生相當程度的影響。時為日本殖民地的臺灣也受這股風潮影響，連寺廟建築也廣泛使用鋼筋混凝土。

　　文昌殿位於該堂三川殿後方，兩殿中間有天井，文昌殿一樓設有拜亭，拜亭前有兩級樓梯，樓梯表面貼磁磚，中間設「御路」，御路泥塑單龍，拜亭的四點金柱，前面一對為單龍攀附的「雲從龍」，後面一對為立姿丹鳳，尾羽繞柱數圈，四點金柱都是混凝土灌漿，上施彩繪。

登錄為歷史建築的文昌殿，屋頂為「假四垂」。

拜亭與二樓神龕樓梯中間的大型「御路」。

　　拜亭與二樓的神龕以兩側樓梯相連，兩側樓梯中有大型「御路」，御路泥塑半立體四爪單龍，做工精細，兩側樓梯貼滿花朵圖案的磁磚，寓意「花開富貴」。

拜亭四點金柱後面一對為立姿丹鳳，尾羽繞柱數圈。

珍貴剪黏　神仙來坐

　　二樓神龕主祀文昌帝君，兩邊對看堵前後各有一對泥塑剪黏，靠近拜亭的一對分別為鳳凰和孔雀，靠近神龕的一對每邊各置四仙，合為八仙，這四處泥塑規格皆為長方形，嵌入牆壁內，人物與靈獸瑞禽線條細緻、表情與姿態都相當傳神，剪黏尤見用心，與鳳凰和孔雀相襯的菊花和四季花，花瓣層疊交錯，八仙人物衣襟也隨風飄然，堂方表示，應是建該殿當時的作品，已近八十年歷史，由於外層以透明玻璃罩保護，所以保留得相當完整。

　　二樓涼亭，即一樓拜殿上方位置，設有八角石桌和八個鼓形椅，石桌桌面以磁磚貼飾，中間有太極圖案，堂方表示，這裡是讓「駕臨的神仙們」休息、聊天的地方，涼亭橫樑有「菊都五老」彩繪。

　　兩側護室為兩層樓鋼筋混凝土建築，一樓支撐迴廊及二樓樓板的落柱為方形柱體，表面以洗石子裝飾，方形柱與二樓樓板間保留傳統寺廟建築的插角裝飾，此處插角飾以洗石子圓形卷紋，一樓迴廊為希臘式圓柱，有柱頭裝飾，表面為洗石子。

　　二樓建材雖為鋼筋混凝土，但建築風格仍保留傳統寺廟支撐屋頂的簷廊柱，圓形柱體表面為洗石子，圓柱下方有柱珠，上方有插角、吊筒、豎材等構件，蓮花吊筒以不同顏色的洗石子做出多種變化，看得出匠師的用心與巧思，豎材表面貼磁磚，上方做螭虎泥塑並施彩繪。

二樓神龕龍邊對看堵的八仙泥塑剪黏。

泥塑剪黏：何仙姑。

泥塑剪黏：藍采和。

二樓蓮花吊筒以不同顏色的洗石子做
出多種變化。

二樓洗石子花瓶形狀的欄杆和一樓迴廊的方形柱體與希臘式圓柱。

　　大正年間（1920年代）的建築開始
以「彩磁」取代雕刻和彩繪，這種又稱
「花磚」、「磁磚畫」的獨特裝飾，是
在磁磚上以釉料作畫後高溫燒成磁磚，
是當時相當時髦的建材，傳入臺灣後不
少畫師受邀作畫，該殿二樓牆上就有多
幅花鳥磁磚。二樓另一特殊的構件是洗
石子花瓶形狀的欄杆，與一樓迴廊希臘
式圓柱，為傳統鸞堂信仰殿堂增添異國
情調。

英雄獨立　有鳳來儀

　　該殿拜亭和正殿脊頂皆以泥塑剪黏裝飾，剪黏材料為彩色玻璃。拜亭脊頂為雙龍護太上老君，大脊飾鳳凰四季花。正殿脊頂為雙龍護塔，大脊為八仙，中港間垂脊牌頭為福祿壽三仙，兩邊小港間脊頂為鰲魚散水和青龍，大脊做鳳凰四季花，四個垂脊牌頭，內側兩個做展翅單鷹棲於松樹上，意寓「英雄獨立」，外側兩個做武將，燕尾脊頭做丹鳳四季花，寓意「有鳳來儀，花開富貴」。該殿屋頂最後一次拆卸修復是在1979年，隔年完工，歷經三十幾年寒暑後，彩色玻璃多處剝落。

　　該殿兩側圍牆為混凝土構造，外表洗石子，為西洋式圍牆形式，常見於同時期的民宅建築，只是民宅多為一個出入口，該殿設左右兩個出入口，右側圍牆入口門柱上原有燈柱，但因年代久遠已毀損。

拜亭燕尾脊頭剪黏「有鳳來儀」。

文昌殿西洋式圍牆，設左右兩個出入口。

正殿垂脊牌頭剪黏「福祿壽」。

正殿燕尾脊頭剪黏「丹鳳四季花」。

山牆泥塑　傳統屋瓦

　　該堂登錄為歷史建築之一的宣講堂，1948年完工，呈長方形，建築型式中西混合；屋頂為傳統屋瓦技術與西式桁架相互結合，本體構造為磚造。

　　正立面山牆為西洋建築中常見的圓形山頭，以左右各一名童子抬著上書「宣講堂」匾額方式，點出建築物名稱，「宣講堂」三字上方中央有花草泥塑勳章飾，中間橢圓形框內泥塑人物，有學者認為是孔子，但堂方表示是「文昌帝君」，山牆兩側各開一圓形窗，窗櫺上下飾泥塑花紋。

　　宣講堂本體構造為磚造，基礎構造經研究單位開挖後發現為紅磚、水泥、卵石等混合疊砌，屋架以「真束小屋」為基本體進行演變；主體架構為木構（檜木和柚木），但在約束的地方改成鋼筋鐵件增加承受拉應能力，亦稱「木鐵合成小屋」，宣

講堂共有六組桁架，直接架在磚造屋身上方，再於屋架上方鋪設「橼條」及桁檁，並於屋頂鋪屋瓦。

　　講堂內可容納一百多人，兩側對聯為：「宣佈聖言肅靜堂中聞道德」、「講求人事莊嚴座上話彝倫」。牆面各做一菱形玻璃窗，玻璃上飾「井」字木條。

「宣講堂」匾額上方勳章飾，框內人物為「文昌帝君」。

登錄為歷史建築的宣講堂內可容納一百多人。

信仰與傳說 。

中醫鸞生　藥方把關

廣善堂主祀「三恩主」──關聖帝君、孚佑帝君、司命真君，分香自杉林月眉樂善堂，該堂大正八年（1919）就已完工，但三尊主祀神寶像直到大正十年（1921）才陞座。

「扶鸞」又稱「扶乩」，是鸞堂成員所進行的宗教儀式，為一種神人溝通的方式，由「乩手」（正

廣善堂主祀「三恩主」，左起：司命真君、關聖帝君、孚佑帝君。

鸞生）經「請鸞」儀式後，由神靈附身於正鸞手，藉推動桃木筆於沙盤中寫字，旁邊有「唱鸞生」逐字報出，由「錄鸞生」寫下成為鸞文。該堂是當地居民遇事請示、遇病求藥的地方，堂方表示，鸞堂承續「儒醫」藉「治病」進而以宗教力量「治心」的傳統，早期該堂鸞生成員有執業的中醫師，民眾遇病求藥，三恩主透過扶鸞所開藥方會由中醫師再把關。

旱災祈雨　承辦福醮

昭和四年（1929），地方乾旱，該堂發起祈雨，果然天降甘霖，庄民依願於柚子溪造橋，並協建美濃大橋，昭和七年（1932）該堂承辦「美濃庄豐年祭並祈雨靈驗奉答祭典」，之後，美濃多場大福醮都委由該堂承辦。

堂方表示，祈安建大福醮又叫「打醮」，源於梁武帝時佛教興盛，武帝請寶誌法師入宮說法，皇后邱氏怕武帝心依佛門放棄王位，有意謀害寶誌法師，因此犯下欺僧謗佛大罪，死後墮入畜生道，生成頭大、腹大、口卻細小不能食的大蛇，一日，武帝思念往生的邱氏，睡夢中夢見邱氏變成大蛇，蛇頭伸向武帝，武帝驚醒，拔劍欲斬，此時，邱氏所變大蛇哀求武帝代為向法師求情解脫罪過，武帝乃下旨召集全國十大名僧抄寫《金山御製梁皇寶懺》10卷，並開「梁皇懺壇」，此為打醮由來。

善書宣講　識字教材

　　昭和十二年（1937），「蘆溝橋事件」發展成中日戰爭後，日人在臺強化皇民化運動，並撤廢寺廟偶像、強制神社參拜、禁止台灣風俗習慣儀式等，該堂得日本臨濟宗保護，神像倖免於難，附近宮廟紛紛將神像寄放該堂，也逃過被毀劫難，自此，該堂增奉佛像，成為「儒道釋」諸神佛同堂的鸞堂。

　　鸞堂向來標榜「著書」、「宣講」與「濟世」三大任務。所著之書稱為「鸞書」，這種透過神明降鸞，扶乩所寫成的善書充滿民間教化的故事，以及成仙成佛的典範，同時反應當時的價值觀與對現代社會的回應，該堂至今共造《擇善金篇》、《玉冊金篇》、《廣善名箴》、《指證金篇》四部。

　　由於鸞堂本身就是為宣揚儒家聖道而設，因此「宣講」是相當重要的教化工作，該堂設有「宣講生」，定期將扶鸞所得的神仙勸善訓文向鸞生與信眾宣講，1948年「宣講堂」完工後，農曆每月初一、十五定期宣講至今不曾間斷。堂方表示，初期宣講師單純宣講，聽講者並不多，堂方後來以出版的善書做為宣講教材，聽講者日益增加，當時很多鄉親不識字，宣講師藉善書當教材教鄉親識字，對農村教育貢獻良多。

聖誕法會　恭迎聖蹟

　　該堂每年農曆6月24日為關聖帝君聖誕，前一天晚上子時過後，行三獻禮祝壽，聖誕當天中午宴請信眾，跟「吃伯公福」一樣，登席者會繳交席金。農曆8月3日為司命真君聖誕，前一天辦超渡法會，聖誕當天中午宴請信眾。

　　該堂另一個重要祭典為每年農曆1月9日舉辦的「迎聖蹟、字紙祭」活動。該活動原為大正九年（1920）鍾晉嘉所創的惜字組織「聖蹟會」，每逢農曆初一、十五將各地收集來的字紙放入敬字亭裡焚燒，灰燼則集中在1月9日「天公生」這天送到美濃溪結壇祭拜河神，並將紙灰倒入美濃溪隨水流走，「聖蹟會」採世襲制，由於第三代會員多已搬遷外地，自1990年起交付該堂代為處理所有祭儀，近年來由於環保考量，字紙灰燼改在美濃溪畔挖洞掩埋取代放水流。

美濃廣善堂大事記。

1915年	古阿珍邀集志同道合信士從杉林月眉樂善堂請傳香火。
1917年	購建堂用地，同年興建草堂。
1918年	草堂完工。
1919年	奉聖諭准造鸞書《擇善金篇》六部頒行於世。
1929年	地方乾旱，發起祈雨。
1930年	增建文昌殿。
1933年	文昌殿完工。
1936年	奉聖諭准造鸞書《玉冊金篇》六部頒行於世。
1948年	宣講堂完工。
1952年	奉聖諭准造鸞書《廣善名箴》一部頒行於世。
1979年	文昌殿屋頂拆卸修復。
1980年	文昌殿屋頂修復完工。
1993年	興建凌霄寶殿（今玉清宮）。
1996年	凌霄寶殿完工。同年加入中國佛教會團體會員。
1999年	奉聖諭准造鸞書《指證金篇》三部頒行於世。
2005年	登錄為歷史建築，範圍包括文昌殿、兩側圍牆及迴廊建築所圍繞的空地庭院，以及宣講堂。
2010年	發生芮氏規模6.4的甲仙地震，導致歷史建築範圍的結構體如屋頂、橫樑、牆體等發生明顯裂縫，已做緊急支撐處理。

「鸞堂」信仰的主神稱為「三恩主」即：關聖帝君、孚佑帝君、司命真君。

桃園結義　五德具備

「關聖帝君」為儒道釋三教共同的神聖，儒道尊關公為五文昌之一，又稱文衡聖帝或山西夫子，以武聖列入祀典，有「山東一人作春秋，山西一人看春秋」之說；關公戰死沙場後，曾顯靈玉泉山，後經法師勸誠皈依佛門，佛教以其忠義足可護法，稱為蓋天古佛或護法伽藍；道教奉關公為玉皇上帝近侍，尊他為協天大帝或武安尊王；鸞堂稱「恩主公」。

關羽，字雲長，河東解良人，與劉備、張飛結為「桃園三結義」，戰績彪炳，威鎮華夏，其一生五德具備；千里尋兄曰仁、華容釋曹曰義、秉燭達旦曰禮、水淹七軍曰智、單刀赴會曰信。後被孫權用計破荊州，敗走麥城，與子關平被擒遇害。歷代皇帝均有敕封，至光緒皇帝加封後，全稱為「忠義神武靈佑仁勇威顯護國保民精誠綏靖翊贊宣德關聖大帝」長達26字。

已故高雄文史學家林曙光先生所寫《打狗滄桑》，收錄一則與關公有關的傳說；有一次，五塊厝的關帝廳演歌仔戲，經擲筊，竟然選中「過五關斬六將」戲碼，因為是在關帝爺面前上演，所有演員都提心吊膽，果然，五關過了，六將也斬了，正要使出倒拖刀斬蔡陽的時候，扮演蔡陽的演員發現扮演關公的演員神情有異，趕緊跳下戲棚，因為真神附身了，關公「假戲真做」，倒拖刀竟將戲棚板砍斷好幾塊。戲班以後相互以此為戒，在關帝廟不敢再演這齣戲碼。

黃粱一夢　頓悟修道

　　「孚佑帝君」就是八仙中的呂洞賓，民間俗稱呂純陽、純陽大仙、呂仙公、妙道天尊等。傳說呂洞賓原為一介書生，八仙之一的鍾離權勸他修行，被他所拒。有一次，赴京趕考途中經過一戶人家，一位老太太正在煮黃粱飯，呂洞賓因為肚子餓就在一旁等飯煮熟，等著等著就睡著了。

　　夢境中，他來到京城，棄文習武成為大元帥，東征西討立下不少汗馬功勞，長官不僅賞賜金銀還把女兒許配給他，婚後夫妻恩愛，生兒育女，但好景不常，因奉扯入一宗謀反案，財產被沒收，妻離子散，還被發配邊疆，一路風雪不止，飢寒交迫，好不容易經過一片樹林，正想入樹林躲避風雪歇歇腳，不意竟闖出數名強盜，不分青紅皂白揮刀就要殺他，他大叫一聲驚醒過來，才知原來是噩夢，轉頭再看，老太太的黃粱飯尚未煮熟。原來這是鍾離權藉由夢境點化他，人生數十年，功名富貴不過如此，呂洞賓果真頓悟看破紅塵，隨鍾離權上山修道成仙。這就是「黃粱一夢」的故事。

　　孚佑帝君廟又稱「仙公廟」，以臺北木柵指南宮最知名，相傳呂洞賓曾追求同為八仙之一的何仙姑被拒，心生怨恨，從此，看到凡間情侶就拆散他們，因此戀愛中的情侶多不敢相約到指南宮拜拜。

守灶趨邪　湯圓甜嘴

　　「司命真君」就是民間俗稱的灶神、灶君、灶爺，古代列為五祀之一，《周禮・典禮記》載：「天子祭五祀：戶、灶、中霤、門、行也。此蓋殷制也。」

　　臺灣民間的廳堂五神為觀世音菩薩、天上聖母、關帝爺、土地公和灶神，可見灶神在民間信仰中受重視的程度，灶神除守灶趨邪外，還兼「錄人功過，上白於天。」算是玉皇上帝的耳目。

　　臺灣民間認為灶神是玉皇上帝的弟弟，長得一表人才，卻因愛看美女被派為灶神，每年農曆12月24日「送神」時，民眾會煮甜湯圓黏在灶頭，希望灶神回天廳述職時嘴巴甜一點「多說好話」。

美濃
南隆輔天
五穀宮

美濃區自乾隆元年（1736）入墾開庄至今已276年，
但位於荖濃溪畔、美濃境內東南的南隆部落，
卻遲至明治四十二年（1909），
臺灣總督府允許「三五公司」以「南隆農場」名義申請開墾，
至今雖只有一百多年，但由於竹仔門電廠和獅子頭圳的設置，
加上大量募集擅長開墾河川地的北部客家人移墾，
不僅大大改變南隆地貌，移墾者也為美濃帶進不同的人文風貌與族群關係。
座落該區的「南隆輔天五穀宮」，
雖然客家族群居多，但因墾地以種植農作為主，
墾戶基於藉信仰為精神寄託，及希望神農大帝保佑四時無災五穀豐收的多重心理下，
建宮八十幾年來香火鼎盛。

歷史沿革。

開獅子頭圳　荒漠成良田

　　美濃區的瀰濃、龍肚、九芎林、竹頭背、中壇等庄，早在清朝時期即已有規模性地建庄，而在中壇、龍肚等以降的南方原野卻仍是一片石礫地，岩石裸露，茖濃溪從大小龜山一帶竄流原野，夏季雨水暴漲，氾濫成災無法耕作，且此地早有平埔族塔樓社在此活動。

　　據吉和里《永盛文化中心落成記》所載：「彼時也，石礫遍野，沼澤縱橫，雜草叢生，鮮有人跡，唯有山胞出沒襲擾......」因此，只有在地勢較高的金瓜寮、手巾寮、和興庄、清水港、吉洋等地有零星住戶，由於西隅是美濃河和茖濃溪洪水沖積地，荻竿、蘆葦等植物茂密，加上順著洪水而下的樹根，提供早期零星拓墾者搭屋建材，因此又稱「樹根寮」。

　　據手巾寮〈旗山鎮廣福里福德祠紀念碑文〉記載，南隆地區原來是西拉雅平埔族烏卡支族大巔社屬地，乾隆中葉以後（約1765~1795），由於此地是阿猴（今屏東）和阿里港（今里港）前往蕃薯寮（今旗山區）、羅漢內門（今內門區）與臺南府城（今臺南市）必經之地，官府在手巾寮建有驛站，逐漸吸引閩粵移民入墾。

另據昭和十三年（1938）出版的《美濃庄要覽》指出，明治二十八年（1895）日人治臺後，首先申請開發南隆的是日本熊本縣的津田靜一，他於明治二十九年（1896）向細川侯爵家族申請獲准開墾，但由於灌溉給水與排水設備欠佳，加上荖濃溪每年夏秋兩季洪水為患，耕田流失，拓墾計劃宣告失敗。

直到明治四十一年（1908）建竹仔門電廠，明治四十二年（1909）臺灣總督府為了發展國家經濟拓殖事業，允許「三五公司」社長愛久澤直哉以「南隆農場」名義申請開墾，同時收購部分民有土地擴充農場經營範圍。明治四十四年（1911）開獅子頭圳，將竹仔門電廠發電後的「餘水」導入獅子頭圳幹線，灌溉下游四千多公頃農地，之後又在獅形頂與大小龜山間建築防水波堤，有效防止洪水氾濫。

水利設施造就曠野荒漠成良田後，當時總督府提供相當優厚的開發條件，鼓勵民間企業投資農場的開發，但因民間憂慮甚多加上在地南客不擅開墾河川地；他們在石頭上填土，把石頭埋在地下，但只要下大雨，土被沖掉，石頭又露出來。眼看勸導投資無效，「南隆農場」的代理人兼經營者白石喜代治，因曾擔任苗栗縣廳長，深知北部桃竹苗的客家人擅長開墾河川地；他們挖石做駁坎，既清除土中石礫又能擋水護土，於是從北部大量募集客籍佃農前來耕作，並聘陳阿東和羅阿東為工頭。

三五公司提供早期拓墾的北部客籍佃農相當優厚的條件，包括預先搭建草寮，提供免費的灶、碗筷、牛隻、耕具、田地等，白石還親自到旗山火車站迎接，並備妥點心招待，之後轉搭糖廠的五分車到旗尾，再步行到工寮落腳。

流行病肆虐　建廟安心靈

南隆農場廣達四千甲，包括今吉洋、吉東、吉和、清水四里，及獅山、龍山、德興，中壇等四里的一部分，加上行政區域隸屬旗山區的廣福里，全部依佃租方式經營，佃農除新竹、桃園、苗栗一帶的客家人之外，也有來自岡山、田寮、旗山一帶的閩南人，和來自高樹、內埔、竹田的六堆客家人。

大正八年（1919）流行病肆虐，在醫藥匱乏的年代，各地為壓制流行病毒，盛行奉祀鸞堂「三恩主」，原籍苗栗縣銅鑼鄉大正九年（1910）到南隆內六寮拓荒墾地的羅阿東，便和當地耕農一起到苗栗卓蘭鎮與大湖鄉交界處的朝南宮，迎請「三恩主」分靈到南隆奉祀，由於南隆移墾者來自各地，竟沒有一座廟宇可為心靈寄託，又逢流行病猖獗，人心失措，眾人遂商議建廟奉祀被視為農業和醫藥守護神的神農大帝。

大正十二年（1923）先以羅阿東正堂為處所，開光登位，公推羅阿東為堂主，羅正保為司香，每逢農曆初一、十五各聚落信徒即至該所參香禮拜，同時成立建廟委員會，推舉李庚河、徐阿辛與土地所有權人南隆農場商請撥地建廟，白石知情後，隨即答應撥出現在廟址為建廟用地，並附加廟前一甲三分地作維持香火用。為感念白石喜代治和愛久澤直哉慷慨捐地，至今，該宮長生廳仍供奉兩人的長生祿位牌。

大正十三年（1924）動土興建，隔年完工，稱「南隆輔天五穀宮」，俗稱「五穀廟」，成為南隆地區的信仰中心。日治末期，日軍在二次大戰中節節敗退，盟軍飛機大舉轟炸時為日本殖民地的臺灣，各地傷亡嚴重，省立高雄醫院（今高雄市立民生醫院）曾疏散到該宮治療傷病，1945年二戰結束後才遷回高雄。

二戰後，信眾吳金鳳等發起重修三川殿與正殿，1954年雲霄寶殿（正殿）重修落成，1965年增建鐘鼓亭，1966年興建拜亭，兩側護室改為鋼筋水泥兩層樓建築並設20間客房供信眾住宿，1984年興建兩座迎奉門，1985年建金爐與聖蹟亭，1994年搭建宮前鐵架遮棚，辦理建宮70週年聯合美濃全區19里與旗山廣福里啟建「甲戌年太平福醮」活動。2010年登錄為歷史建築。

屋頂假四垂　剪黏雙材質

　　該宮為兩殿兼帶龍虎護室（客家人稱橫屋）格局，三川殿與正殿屋頂採「假四垂」做法，就是在硬山屋頂中央架起一座歇山頂，形成多脊、多重簷建築模式，做工雖較複雜，但因屋架提高，殿內空間更顯寬敞，屋脊線條也更加華麗。左右兩廊相接，中央天井，兩側為二層樓的護室。

　　在純樸的美濃山城，該宮三川脊頂鮮豔的剪黏分外顯眼，該宮剪黏分為彩色玻璃與淋搪模製材料兩種，彩色玻璃見於山門、三川牌樓和正殿脊頂。淋搪模製材料用於三川殿與鐘鼓樓。

　　山門脊頂為福祿壽三仙，兩旁各站一散花仙女。三川牌樓脊頂為雙龍護珠，大脊作八仙。正殿脊頂為雙龍護塔，雙龍上各騎一仙人，仙人兩手上下拉開一方捲軸，捲軸上書「五穀宮」，雙龍旁各立一鶴，大脊飾鳳鳳，小港間脊頂為「鰲魚散水」和青龍，「鰲魚散水」除有熄祝融之災涵意外，也表示「澤被蒼生」，小港間的四個牌頭

三川殿與正殿屋頂為「假四垂」。

160

工藝
之美

高雄找廟趣

飾以假山亭閣和武將人物，內容皆取自
《三國演義》，中港間兩邊牌頭做鳳
凰四季花，寓意「有鳳來儀，花開富
貴」。

　　這幾處以彩色玻璃做剪黏材料，應
是1954年正殿重修時所做，經半世紀的
日曬雨淋，剝落情況相當嚴重，灰泥層
也風化剝落，部分內部支撐的鐵條已裸
露在外，但從灰泥線條，看得出當時匠
師的作工堪稱精細。

1

2

3

1. 姿態靈巧的「倒爬
   獅」剪黏。
2. 山門脊頂剪黏「福祿
   壽」，兩旁各站一散
   花仙女。
3. 正殿脊頂剪黏雖剝落
   嚴重，但從灰泥線條
   看得出作工堪稱精
   細。

天王上垂脊　螭虎咬葫蘆

　　而以淋搪模製材料施作的三川殿與鐘鼓樓，因宮方沒有記錄資料，所以修建年分無法得知，但這種材料約1980年代中期才出現，因此應於1984年興建兩座迎奉門或1985年建金爐與聖蹟亭時期所作。這種以模具翻模的製品可量產、成本低、易施作，卻也喪失傳統剪黏應有的技藝與工法，雖然色彩鮮豔、熱鬧，但總感覺多了分匠氣，少了分創意。

　　三川殿脊頂為財子壽三仙，兩旁各站一武將，兩名武將手中分持象徵「祈求吉慶」的旗、球、戟和磬牌，武將兩旁各有一鳳，鳳上有仙女，該宮標榜「三教同宗」，因此在佛教中象徵「風調雨順」的四大天王「增長天王」、「持國天王」、「多聞天王」和「廣目天王」，也分立前後垂脊，中港間西施脊上面是水果籃，下面飾象、豹、麒麟、虎、獅五隻靈獸，大脊所飾人物與四個牌頭上的武場人物，內容取自《三國演義》，小港間西施脊上面飾葡萄、蓮霧等水果，下面飾螃蟹、章魚等水族。鵝頭墜圖案為「螭虎咬葫蘆」。

三川殿鵝頭墜「螭虎咬葫蘆」。

三川殿脊頂剪黏以淋搪模製材料施作。

八仙上龍柱　插角雕工美

　　三川殿與正殿前各有一對龍柱，有別於傳統寺廟以石柱請匠師或鏤空或浮雕，該宮兩對龍柱是混凝土灌漿，表面洗石子，都是單龍攀附，三川殿每根龍柱各塑四位仙人，兩根龍柱合為八仙。

　　三川牌樓的蓮花吊筒為泥塑彩繪，蓮蓬突出，象徵多子。中間和邊間的格扇門為水泥模造施以彩繪，中間格扇門格心圖案由一對螭虎團繞而成，裙堵為泥塑麒麟施以彩繪，邊間格扇門，格心四周為卷草紋，中置一花瓶，瓶內插花，卷草象徵綿延不絕，「瓶」與「平」音同，寓意「平安」。三川步口兩邊對看堵1961年在龍虎牆上貼白色磁磚，用油漆彩繪雙龍和雙虎，龍虎牆上的水車堵各泥塑彩繪兩對孔雀。

三川殿四點金柱通樑的圓雕龍插角。

　　三川步口通樑為混凝土材質，但是通樑上的獅座和三川殿四點金柱通樑的一對圓雕龍插角和一對半立體鰲魚插角，皆為木質構件且雕工細緻，靈獸表情與姿態活靈活現。三川殿的四點金柱似希臘式圓柱，有柱頭裝飾，棟架為二通三瓜，材質為鋼筋水泥，三個瓜筒作蓮花圖騰。三川殿門口上方懸有一方「威靈中外」匾額，為昭和元年（1926），南昌陸軍講武學堂將校班步科畢業特授陸軍上尉彭烈剛敬謝。

三川殿四點金柱通樑的半立體鰲魚插角。

步通上的木雕獅座。

1　2　3

　　正殿龍柱上塑佛教的彌勒佛和僧伽，步通的通樑為混凝土材質，通樑上的獅座與通樑下的員光為木雕，雕工精美，正殿不作棟架而是採「擱檁式」作法，就是直接將桁置於山牆上，山牆上緣留設凹洞，桁木可插入壁體一半。

1.三川牌樓虎邊龍柱。
2.三川牌樓龍邊龍柱。
3.三川牌樓蓮花吊筒蓮蓬突出。
4.三川殿門口上方懸「威靈中外」匾額。
5.正殿龍柱上塑佛教彌勒佛和僧伽，屋頂
　為「擱檁式」架構。
6.三川殿四點金柱為希臘式圓柱，棟架為
　「二通三瓜」。

信仰與傳說 。

茶樹刻神尊　怠惰刀斧響

　　南隆輔天五穀宮主祀神農大帝，宮方尊稱為「神農大帝藥師琉璃光佛」，分香自苗栗公館鄉「五鶴山五穀宮」，開基神尊由茶樹刻成，這棵茶樹當初是由首代堂主羅阿東和首代住持劉炳芳相偕前往苗栗尋覓指定，刻像時日亦由起乩擇定並指定完工時間。據說，雕刻神尊期間，木匠如果未按指定時間每天雕刻，工作室內就會傳出刀斧聲響，讓木匠深感驚異，不敢稍有怠惰並如期完成。

開基「神農大帝」由茶樹刻成。

該宮大正十四年（1925）完工後，自昭和元年（1926）起連續3年舉辦「建醮」法會，宮方表示，「醮祭」是農村生活中不可或缺的儀式，特別是在墾荒拓殖十分艱困、天災瘟疫盛行的年代，「醮祭」期間舉行七日道場，境內居民均需茹素，儀式從迎接聖神仙佛駕臨醮場鑒壇，然後透過宣經福懺、普渡、秉燭禮斗、放水燈、遶境、演戲、打鐃鈸花（臺語稱弄鐃）、燒大士、燒神衣、施陰濟陽等一連串活動，除祈求神佛護國息災、庇佑地方安寧、五穀豐收外，最大的意義在於人心的安頓和撫慰。

正殿神龕。

該宮正殿懸有「三教同宗」匾額，除神農大帝外還奉祀鸞堂「三恩主」，日治時期，該宮為原高雄縣客家聚落鸞堂信仰中心之一，二戰後，隨鸞生老去，1970年代以降便不再舉行扶鸞儀式。

神助兼人助　神像逃劫難

昭和十二年（1937），「蘆溝橋事件」發展成中日戰爭後，日人在臺強化皇民化運動，其中，撤廢寺廟偶像一項，不僅下令燒毀各種神像，還讓警察搜查各戶，若有發現，飭令交出。

在地耆老表示，當時日本警察會利用晚上到鸞堂查禁扶鸞儀式，該宮附近農戶廣植刺竹，日本警察每次要到該宮查禁時，不知道為什麼總是走到農戶的刺竹林裡去，被刺得滿身是傷，幾次之後就不敢來了，地方父老都說是神農大帝在懲罰他們。面對禁令，既要神助也要人助，該宮得旗山太平寺日本淨土真宗佈教師杜多碩造愛護，神像倖免於難，附近宮廟紛紛將神像寄放該宮，也逃過被毀命運。

賞罰細分明　乩童頭塞桌

神農大帝賞罰分明，對神職人員的行為舉止要求尤其嚴厲，一則多人親眼目睹，當事人邱來金（1947~）也現身說法。邱來金表示，他接受該宮乩童訓練期間，白天回家裡工作，晚上到宮裡受訓，有一天，他白天在家裡工作時對一位女性說出不禮貌的言語，當天晚上受訓起乩時，他的頭竟然硬生生塞進八仙桌沿只有十幾公分寬的空隙中，退乩後，他的頭怎麼拔都拔不出來，信眾見狀知道是神農大帝在懲罰他，於是一齊跪求神農大帝原諒，他的頭才順利拔出。

大帝聖誕日　開壇誦經懺

每年農曆9月的最後一天，為該宮「神農大帝藥師琉璃光佛」聖誕。聖誕前4天，下午舉辦「引魂」（超薦法會）。聖誕前3天，開壇啟章誦經禮懺一連3天，祈求風調雨順、五穀豐收。聖誕前1天，清晨答謝天恩，下午普度本境「無祀男女水陸孤魂」並演戲酬神，晚上擇吉時舉辦祝壽聖典，虔誠祭拜眾神大禮。聖誕當天中午宴請信眾，跟「吃伯公福」一樣，登席者會繳席金。

南隆輔天五穀宮大事記。

1923年	以羅阿東正堂為所，開光登位，每逢農曆初一、十五信徒至該所參香禮拜。
1924年	「三五公司」撥地，動土興建。
1925年	完工。恭請神農大帝寶相登位。
1926-28年	連續3年舉辦「建醮」法會。
1946年	信眾吳金鳳等發起重修三川殿與正殿。
1965年	增建鐘鼓亭。
1966年	興建拜亭，兩側護龍改為鋼筋水泥兩層樓建築並設20間客房。
1984年	興建兩座迎奉門。
1985年	興建金爐與聖蹟亭。
1994年	搭建宮前鐵架遮棚，辦理建宮70週年聯合美濃全區19里與旗山廣福里啟建「甲戌年太平福醮」。
2010年	登錄為歷史建築。

從古至今，「五穀豐收、除疫祛病」是平民百姓最大的祈願，要「五穀豐收」就要懂得耕作，而「除疫祛病」就要希望身體健康無恙，被視為農業和醫藥守護神的「神農氏」，民間有神農大帝、先農、五穀王、五穀仙、五谷先帝、田祖、藥王、藥仙、藥王大帝、開天炎帝等尊稱。

神農是土神，《禮記・月令註》曰：「土神稱神農者，以其主於稼穡。」祂不僅是農業之神，也是醫藥之神，所以農民、藥商、中醫師，皆視為守護神。

嘗遍百草　一日百死百生

神農氏，中國古帝之一，據《中華五千年史》記載：「炎帝神農氏，起於烈山……民不粒食，未知耕稼，於是因天時相地宜，始做耒耜，教民藝五穀，故謂之神農。民有疾病，未知藥石，乃味草木之滋，察溫寒之性，皆日嘗而身試之，一日之間，而遇七十毒。」由此可知，神農氏為農耕始祖，發明農具並教導民眾耕種技術，神農氏同時也是醫藥始祖，祂嘗遍百草，後世傳承為書稱《神農本草》。

《史記・三皇記》記載：「炎帝神農氏，姜姓，母曰女登，有嬌氏之女，為少典妃，感神龍而生炎帝，人身牛首，長於姜水，因以為姓。」這段記載與民間傳說神農氏「人身牛首」長相奇特相符。另有傳說，祂除了頭和四肢之外，身軀透明，嘗百草時，藥草若對那個部位有毒害，服下後那個部位就會變黑色，因此什麼藥草對人體那個部位有影響，一目了然。

相傳，神農氏有一條神鞭叫「赭鞭」，若用來鞭打各類花草，花草中的藥、毒、寒、熱等特性就會顯露出來。但即便有這條神鞭，神農氏為辨別各類草藥曾「一日百死百生」，最後試到一種含有劇毒的草藥，加上之前嘗百草時積毒太深，終因毒發身亡。

臺灣神農大帝神像大多全身赭紅、肩披藥草、手執稻穗、袒胸赤足安坐岩石上，也有神像全身黑色，是根據神農大帝中毒全身發黑傳說所塑。

現代神農　科技造福世界

　　「農業」是人類最大和最重要的經濟活動之一，距今3萬至5千年前的舊石器時代，臺灣住民常為尋找食物而到處遷移，男人負責捕魚、打獵，女人和小孩則從事採集野菜和果實，從近年臺灣史前考古遺址出土的大量碳化米得知，臺灣先民在5至兩千年前的新石器時代，即進入「粗耕農業」階段，稻作歷史則可追溯到四千多年以前，最早的「野生稻」米粒成熟時易脫落，僅留下枝梗，民間傳說是被鬼所取食，因此俗稱「鬼仔稻」，後經人類長期選育，水生植物的稻子在形質上已產生極大變化，現代人對水稻的印象是稻穗金黃飽滿。

　　神農氏為民嚐百草而毒發身亡，但種子的世界奧妙且神奇，拜現代科技所賜，農業學家不用嚐百草一樣可以造福人群，以發生於1970年代的世界性「水稻綠色革命」為例，當時國際稻米研究所有鑑於水稻品種太高，結穗時容易倒伏造成歉收，研究人員從臺灣的「臺中再來1號」種子中取得「半矮性基因」，育種改良後水稻變矮了，由於新品種承重量較大，不僅結穗時不易倒伏，產量也隨之大增，造福世界各國。

美濃山城。

美濃區聚落人文。

　　在南部地區，只要提到紙傘、菸葉、粄條、敬字亭、藍衫，總讓人聯想到美濃，這個以「山的子民」自居，強調勤勞刻苦民風，並積極培養子女受高等教育的山城，早期因地理封閉加上語言不通，始終帶著神秘色彩，由於孤懸於荖濃溪北畔，在複雜的社會衝突中，當地居民必須強塑自我意識以對抗險惡生存條件，加上勞動密集的菸業，造就緊密的人際網絡脈動、凝聚極強的向心力，卻也因此讓外人難以融入，更難一窺他們的內心世界。

艱辛拓墾　族群融合

　　美濃區早期屯墾部落拓墾之初，種植作物需水源灌溉，乾隆三年（1738）龍肚地區先民鑿龍肚圳，引荖濃溪水灌溉，由於分走鹽埔及里港地區閩南人的水源，閩客對立日趨激烈，為了搶水，發生械鬥是常事，鬧上公堂也不在少數，對於當初冒著生命危險開龍肚圳的先民涂百清、鍾丁伯、蕭阿王，美濃人奉他們為「水利三恩公」，用神的規格感念他們，由此可見先民拓墾之艱辛。

明治四十二年（1909）才開始有計畫以「南隆農場」名義開墾的南隆地區，墾戶來自各地，不同的文化與生活習慣，為早於當地入墾一百多年、民風保守封閉的美濃帶來不少衝擊。

來自瀰濃、龍肚等本庄墾戶以地主之姿看待移墾者，他們稱新竹人為「臺北人」，「臺北人」則稱本庄人為「下南人」，兩地祖籍雖同為中國，但生活型態及語言均有差異，即使同時入墾南隆卻無法融合，從《美濃鎮誌》記載當地流傳的念謠可見一斑：「下南妹仔靚是靚，著個藍衫齊腳掌，上頭梳個麵線髻，下頭含個檳榔水，看到鬼也驚。」

早年因地理上的封閉，加上與隔鄰旗山地區閩南人之間緊張的族群關係，美濃婦女仍保持中國原鄉的生活習慣，包括穿藍衫、頭髮梳成髻等習俗，雖然與東邊的平埔族關係緊張，當地客族婦女並不畏懼，還學他們吃檳榔，由於北部客家人與閩南人往來較密切，已漸融入閩南習俗中，因此當他們移墾南隆，看到穿藍衫、梳髮髻還口嚼檳榔的「下南妹」時，簡直像看到「鬼」一樣恐怖。

閩南族群多集中於南隆的「外六寮」，最初入墾的是苗栗銅鑼人，後來岡山、田寮一帶農戶也來此開墾，雖閩、客雜處，但「外六寮」是九成以上為客家族群的美濃區唯一說臺語的村落。

最特別的一批移民當屬「滇緬義胞」，1949年國民政府百萬軍民播遷來臺，駐守雲貴地區的部隊退守滇緬邊界，後在聯合國調解下返抵臺灣，1961年移入美濃最南端，其中精忠、成功兩個新村隸屬美濃。這群移民的語言和風俗習慣，與鄰近居民差異性更大，加上他們的棲息地已有鄰近居民（溪埔寮、外六寮、吉洋庄）開墾種植，為了安置他們，國民政府強行收回土地重新分配給他們，引發早期移民憤憤不平，雙方常發生械鬥。

但各族群間的衝突，經歲月淘洗、磨合，逐漸調和終至融合，過程雖難免言詞嘲諷甚或拳腳相見，但終能撥雲見日。

另據地方文史工作者觀察，南隆地區由於至今仍維持傳統農耕生活，因此近二十年來，外籍配偶比例偏高，其中以越南新娘居多，這批「婚姻移民」來美濃的女性，在當地農村人口外移嚴重下適時地接續勞動人口不足的缺口，她們也發揮巧思，以當地種植的辣椒做成「越南辣椒醬」銷售，讓美濃的族群更多元。

菸葉經濟　教育大鎮

昭和十三年（1938），菸葉從屏東引進美濃，由於氣候與土壤等條件都相當適宜，自此，美濃人勞心勞力種植菸草，從種植到燻出金黃色的菸葉，需將近八百個工

拜菸葉所賜，美濃培養出相當多高學歷子弟。

作天才能完成，如此密集的勞動工作很難孤軍奮戰，因此美濃人發展出一種稱為「交工」的合作模式；由六、七戶菸農組成一個工作小組，每戶出兩個人，大家以勞力交換共同完成工作，這種互惠模式讓勞動密集的菸業得以維繫。

種菸葉讓美濃人經濟富庶，多年來，美濃被讚譽為「教育大鎮」，美濃人也以子弟受過高等教育而驕傲，從1997年出版的《美濃鎮誌》下冊第九篇〈人物誌〉中，特別表列出109位「美濃博士名錄」可見一斑。

《美濃鎮誌》記載：「對美濃農村而言，『菸葉是教育之母』並不為過。」鎮誌中提到，美濃培養出這麼多高等學歷人口，完全拜菸葉所賜，因為無論勞力或成本，菸葉的經濟價值高於水稻等作物，除經濟能力許可外，由於種菸葉實在太辛苦了，所以學子農忙時期參與勞動之餘，都認真讀書以期脫離農家之苦。

隨菸葉產業而興建的「菸樓」，型塑美濃特殊的鄉村風貌，鼎盛時期有一千餘座，形式分為大阪式、廣島式、折衷式，1980年代公賣局引進烤菸機，數百座菸樓被拆。耆老表示，在舊式菸樓的年代，滿滿一棟菸樓的菸葉，至少要五、六天不能斷火，因此，灶門前24小時都有人看火，這時候的美濃不必冬防、不必站崗，不治而安。

反建水庫　捍生存權

總給人沉默寡言、逆來順受的美濃人，當生存權受到威脅時，怒吼之聲讓人震懾。

1992年，美濃反水庫運動，掀起一場地方對抗國家的戰爭，在毀鄉滅族的危機催迫下，沉默的美濃人走上街頭群起抗議，因為，水庫預定地離最近的聚落只有1500公尺。1993年4月15日，美濃開庄以來最龐大的一支請願隊伍在美濃區公所集結陳情後驅車北上，隔天清晨，請願隊伍在立法院門口，兩百多位鄉親穿藍衫、撐紙傘、唱山歌，以極具地方色彩方式表達反對水庫的意志。

1994年「美濃愛鄉協進會」正式成立，這是臺灣第一個以反水庫運動為基礎的地方團體，現任總幹事邱靜慧表示：「反水庫是生存權的戰爭，先民兩百多年前入墾以來，好不容易建構出適合子孫居住的環境，但是水庫可能在一夕之間毀掉祖先數百年奠下的基業，遷村不應該成為居民的選擇題。」

雖然地方抗議不斷，但執政單位充耳不聞，1998年4月16日行政院長蕭萬長宣佈「美濃水庫一年內動工」，引發地方一陣驚惶。同年5月23日六堆客家鄉親成立「六堆反水庫義勇軍」，同年5月31日「美濃反水庫大聯盟」正式成立。面對美濃鄉親的積極抗爭，1999年1月水資局居然以節水之名準備

1000套省水馬桶與水龍頭，「免費」送給「美濃人」，同年5月28日執政黨無視美濃鄉親四度北上在風雨中下跪請求，強行將美濃水庫翻案成功。

　　持續多年的抗爭與煎熬，直到2000年新總統上任並重申在其任內「將不興建美濃水庫」。美濃鄉親心中的大石總算暫且落下。

客家美食　婚禮紙傘

　　民以食為天，美濃粄條已成為客家米食的代名詞，當地以「曬乾」（蘿蔔乾、蘿蔔絲、福菜等）與「醃漬」（醬冬瓜、醬鳳梨、醬嫩薑等）方式，發展出能長期保存食物的技巧，也形成獨特的食物風味，還有用慢火悶煮的冬瓜封、高麗菜封等極具家鄉味的佳餚，其他如紅燒豬腳、擂茶、以及近年來量產的水生植物「野蓮」（學名：龍骨瓣莕菜），都是當地美食。

　　此外，美濃曾經是藍染染料「菁仔」（又稱野木藍、野菁樹）的重要種植地，藍衫也成了當地的傳統服飾，而在客家婚俗禮儀中寓含「早生貴子」的「油紙傘」（有子傘），製作技術相傳是日治時代大正年間（1912～1925）延請中國師傅前來傳藝，1960年代最興盛時期有二十幾家紙傘廠，雖曾被塑膠洋傘所取代，但在旅遊觀光業刺激下，已轉型為文創藝品。

美濃粄條已成為客家米食的代名詞。

「油紙傘」在客家婚俗禮儀中象徵「早生貴子」。攝於「廣進勝紙傘工作室」。

近年量產的水生植物「野蓮」。

特色景點旅行地圖。

美濃自乾隆元年（1736）林氏兄弟率領庄民入墾，時光流轉迄今，期間政權雖數度更迭，但在先民胼手胝足下，留下相當多見證歷史的建築。當地文風鼎盛，擁有全國第一座平民文學紀念館，還有東南亞僅見的生態型蝴蝶谷以及熱帶樹木活體標本園區等生態景觀，集古蹟、歷史、人文、生態於一身。

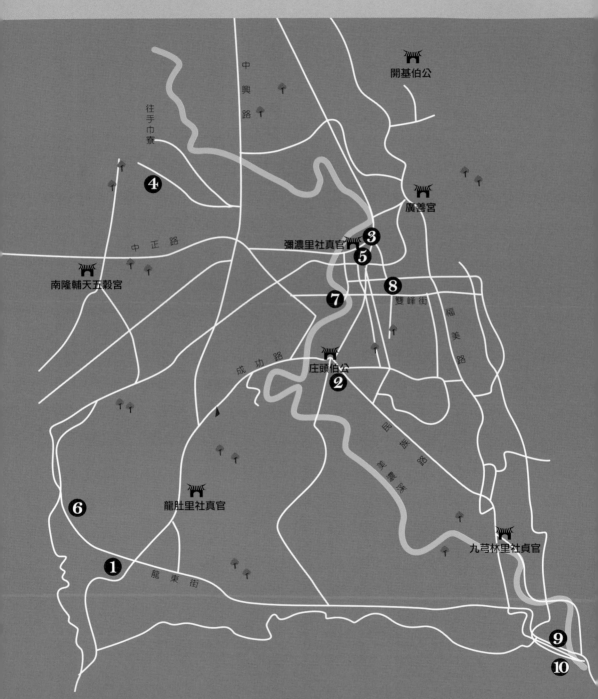

國定古蹟——竹仔門電廠

竹仔門電廠古董級的發電機。

竹仔門電廠辦公室為日治時期擬洋風建築。

　　該電廠建於明治四十一年（1908），隔年完工，為日人在南臺灣所建造最早的水力發電廠，主要是為了配合打狗港（高雄港）築港工程所需，屬「川流式」發電廠，發電機1908年購自德國通用電機公司（A.E.G），明治四十四年（1911）開獅子頭圳，將發電後的餘水導入獅子頭圳幹線，灌溉下游四千多公頃農地，造就美濃成為南臺灣的稻米之鄉及後的菸葉王國。二戰後納入臺灣電力公司，1977年合併土龍發電廠改稱「高雄發電廠竹門分廠」，由於機組老舊，目前已經停止發電運轉，古董級的發電機和充滿異國風情的擬洋風建築，2003年指定為國定古蹟，稱「竹仔門電廠」。

市定古蹟——瀰濃東門樓

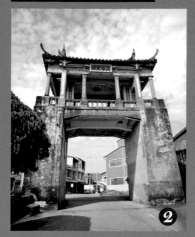

　　東門樓始建於乾隆二十一年（1756），當時瀰濃庄民為防野獸與外族的攻擊和掠奪，四周築柵欄、架炮臺，並在東柵門外建城門樓加強防禦。

　　明治二十八年（1895）臺灣割讓給日本，日人接收時以武力鎮壓反抗活動，東門樓被毀，昭和十二年（1937）重建為3層鋼筋混凝土平屋頂構造，2、3樓面積遞縮且週邊設置圍欄，樓中含漢族意識的文物都被毀。

　　二戰後1950年重修，1樓仍維持日治舊觀，3樓的鐘樓及周邊圍欄拆除後上方疊歇山頂，兩側增設圓柱，成為今日所見傳統門樓格局。2000年指定為縣定古蹟（2010年高雄縣市合併後改為市定古蹟）。

市定古蹟——金瓜寮聖蹟亭

　　金瓜寮聖蹟亭建於日治時期，為當地居民劉添傳所建，約有百年歷史，外觀為清水磚砌六角形三層式格局，下寬上窄塔式建築形式，各層之間以清水磚疊置出挑分界，上方有葫蘆收頭裝飾，整座亭分為三層，第一層亭座僅背面有一進風口，第二層為主要焚燒字紙之空間，字紙投入口為圓拱造型，第三層上嵌「聖跡亭」石匾，其內以沙堆設置「倉頡聖人神位」石碑。

　　聖跡（蹟）亭又名敬（惜）字亭，在美濃共有四座，分別在龍肚、上庄仔、下庄仔及金瓜寮。從內奉「倉頡聖人神位」來看，顯示客家族群對文字的崇敬已進一步宗教化。2000年指定為縣定古蹟（2010年高雄縣市合併後改為市定古蹟），2011年進行修復。

市定古蹟——瀰濃庄敬字亭

　　該亭是美濃區最早設立的敬字亭，相傳此亭為仕紳梁啟旺見瀰濃庄字紙果皮滿地，倡議建敬字亭以推廣惜字風俗及維持環境清潔，當時由林長熾出資並四處募款，自臺南安平港購回廣州磚，石灰來自岡山阿公店，砂石取自附近河壩，乾隆四十四年（1779）興工，為清水磚造六角形三層式格局。

　　嘉慶末年（1820）和光緒十五年（1889）兩度修緝，明治二十八年（1895）毀於戰火，翌年再修至今。1991年指定為縣定古蹟（2010年高雄縣市合併後改為市定古蹟），1995年完成本體修復，2011年再進行剪黏、彩繪修補。

市定古蹟──美濃水橋

美濃水橋的水道暗坑。

　　美濃水橋於昭和元年（1926）改建為鋼筋混凝土水道橋樑，隔年完工。水橋橫跨在美濃溪上，前、後均與水圳相接，此水圳為獅子頭圳的分支「下庄水圳」，兼具暗坑引水及陸橋的功用，也就是橋上讓行人及機車通行，橋下為水道。

　　水圳兩側的水泥護壁設有臺階，婦人可拾階而下浣洗衣物，而大部分美濃人的孩提記憶中，都有順著水圳而下，穿過水橋暗坑的驚險滑水經驗。2006年指定為縣定古蹟（2010年高雄縣市合併後改為市定古蹟）。

市定古蹟──龍肚鍾富郎派下夥房、伯公及菸樓

鍾家夥房自置「伯公」，右側為增建的「菸樓」。

　　在客家傳統建築中，「夥房」是家族的基本單位，意指：「有嚴謹家族父系血緣關係與財產承傳關係的一群人，生活在一個居住單位裡頭。」規模可大到數十個家庭單位，也可小到只有一、兩個家庭。

　　完整的夥房呈ㄇ字型，有堂號、轉溝、楣對、棟對、化胎、半月池、孝幔、門印、阿公婆（祖宗神位牌）、土地龍神等。鍾家夥房除為大崎下「夥房屋」的典型，特殊之處在於家族自置「伯公」，用卵石疊砌的伯公仍保存原有形貌，日治時期引進菸葉產業時，該家族在「夥房」增建「菸樓」，不僅是典型維繫家族血緣與親情的住所，也同時見證地方產業的發展。2010年指定為縣定古蹟（同年高雄縣市合併後改為市定古蹟）。

歷史建築──美濃舊橋

　　清朝時期，美濃地區的道路與橋樑的修築和維護，皆由民間主動發起、完成。日治時期積極建設對外連結道路，美濃也因便利的交通逐漸由封閉轉為開放。

　　美濃舊橋建於昭和五年（1930），為鋼筋混凝土「箱型橋」，就是將混凝土樑置於混凝土橋墩上，混凝土橋墩作分水處理，橋齡雖已超過八十年，至今仍十分堅固，可見當時設計橋樑的智慧與精湛技術。該橋位於全庄中心點，連通美濃庄與南方諸庄，是當時跨越美濃溪對外連絡的交通要道，對聚落發展動態具歷史意義。2005年登錄為歷史建築。

歷史建築──美濃警察分駐所

該分駐所建於明治三十五年（1902），後於昭和三年（1928）改建，整體建築為一坐北朝南長方形建築，中間通廊，左右兩側之辦公室及所長宿舍，正面採用洗石子及面磚，入口處用圓窗，山牆用泥塑裝飾，並用凸窗增加採光及立面變化，背面則為日式木造形式宿舍，立面採用大片落地拉門，與前方風格迥然不同。

分駐所是日治時期地方的政經中心，也是目前美濃區僅存的日治時期官署建築。2007年登錄為歷史建築。

第一座平民文學紀念館──鍾理和紀念館

鍾理和先生（1915～1960）18歲隨父親遷居美濃，受現代文學薰陶的同時，有感於臺灣傳統的封建思想阻礙社會進步，立志當作家，因工作關係認識長他3歲的妻子，兩人因同姓遭雙方父母反對遂相偕遠走中國，直到二戰後才回美濃，他在美濃所寫的長篇小說《笠山農場》雖然曾獲中華文藝獎肯定，但因肺病長年不癒，貧病而終。

1979年文藝界大老鍾肇政、林海音、李喬、葉石濤等人發起募款籌建紀念館，舘址座落於鍾理和晚年生活、寫作的故居笠山山麓，1983年一樓完工並正式啟用，1985年整體完工，是臺灣第一座平民文學紀念館，館中除蒐集鍾理和個人手稿、著作外，舉凡臺灣各地作家的資料也在收藏之列，以作為「臺灣現代文學史料館」為目標。1997年高雄縣政府在紀念館周圍將35位臺灣文學作家的生平及雋永字語刻在35座石碑上，成為臺灣第一座「文學步道」。

生態奇觀──黃蝶翠谷、雙溪熱帶母樹林

黃蝶翠谷旁的「蝴蝶伯公」。

雙溪熱帶母樹林。

日治末期（約1935～1945），日府在雙溪一帶廣植鐵刀木，做為步槍槍托與鐵道枕木材料，適巧鐵刀木樹葉是銀紋淡黃蝶幼蟲的食草，形成黃蝶翠谷生態景觀。黃蝶每年至少兩次大發生期，據1988年的調查紀錄，同一時間有5千萬隻以上在谷地裡飛舞，蔚為奇觀。

二戰後，林政單位將國有林地放租造林，不少承租人改種其他經濟樹種，黃蝶滿天飛舞景觀已不復見，美濃地方社團1997年開始推動「黃蝶翠谷生態公園」，2011年籌組「國家自然公園推動委員會」，希望讓這個東南亞僅見的「生態型蝴蝶谷」（即蝴蝶定居在當地度過一生）加上竹仔門電廠等古蹟，成為高雄市內第二座國家自然公園。

黃蝶翠谷旁還有一處難得的熱帶樹木活體標本園區「雙溪熱帶母樹林」，舊名「竹頭角熱帶樹木園」，為昭和十年（1935）日本林政單位自南洋群島、中南半島等地引進約270種樹種試植，以選取適合臺灣栽種的樹木，作為人工造林之用。

高雄
代天宮

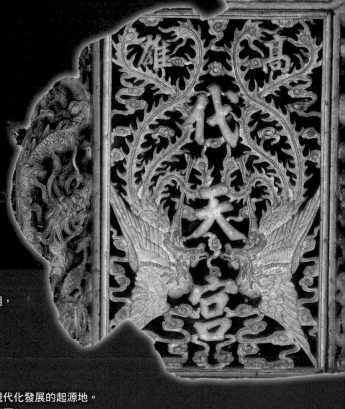

哈瑪星（泛指今南鼓山區）的發展始於日治時期，
因「打狗驛」和「打狗港」的設立，
成為當時高雄市的水陸運輸總樞紐，
同時也是第一個市役所（市政廳）所在地，
集政治、經濟、教育、文化於一身，
曾是最繁華的港濱都市和漁業重鎮，
同時也是高雄現代化新興社區的先驅和高雄港現代化發展的起源地。
儘管，隨政治中心與重要交通設施轉移，光環不再，
但「高雄代天宮」始終是哈瑪星居民的信仰中心，
並將傳統文化菁華，藉巧匠之手，
透過圖案寓意，呈現於建築與裝飾藝術中，留下令人讚嘆且珍貴的工藝精品。

歷史沿革。

填海造陸　交通樞紐

　　高雄古地名「打狗」，源出馬卡道族（平埔族西拉雅人之一支）原住民稱呼他們的居住地「Takau」，意為用來禦敵的「竹林地」，原來，鼓山一帶原為馬卡道族的舊址，嘉靖年間海盜經常出沒附近海域，登陸搶奪金錢與物資，馬卡道族不堪其擾，環植刺竹為牆作為防禦，久而久之，竹牆蔚然成林，因此又名「竹林社」，原住民語「竹林社」音與臺語「打狗」、「打鼓」音接近而被沿用。

　　據載，漢人移民墾殖打狗可溯自康熙十二年（1673），最早落腳的地方是「旗後」（今旗津區），1673年中國閩籍漁民徐阿華在臺灣鄰近海域作業，為躲避颱風來到旗後，看中旗後優異的山海地理條件，回鄉邀六姓同鄉到旗後捕魚為生，並建媽祖宮為守護廟，就是現在的旗後天后宮。隨人煙漸稠，徐阿華擔心廟地被侵占，遂與六姓族人於康熙三十年（1691）向清朝提出「開墾契書」，共同劃定界地。

　　鼓山與旗後雖只一水之隔，但清朝時期，打狗的經濟重心集中在旗後，直到明治三十三年（1900），臺南與打狗間鐵路通車，並於鹽埕埔村落設「打狗臨時火車站」，明治三十七年（1904）日府嘗試在打狗港灣進行港外淺洲試濬時，利用濬港所挖出的泥沙填築打狗正式的火車站（今高雄港站），明治四十一年（1908）完工，並自當年起分3期修築港口（今高雄港），明治四十一年（1908）至大正元年（1912）第一期築港工程疏浚航道後，利用挖起的淤泥填海造陸，1912年填出「哈瑪星」，今臨海一路以東屬於最先填築而成的濱海地，且為新式碼頭所在地，稱為「新濱町」，從新濱町到碼頭的魚市場，有一條轉運鮮魚的專用濱海鐵路，日人稱為「濱線」（Hamasen），當地居民以臺語直譯為「哈瑪星」。

自1912年成為新興市鎮後，哈瑪星不僅擁有現代化鐵路和新式碼頭，還有整齊乾淨的街道，且是最早使用電力、電話、自來水等設備的城市。

政經重心　漁業重鎮

大正六年（1917）「打狗支廳」由哨船頭遷至哈瑪星。大正九年（1920），日人依日語發音將「Takau」改唸作「Takao」，即為「高雄」現代地名的由來。大正十三年（1924），原隸屬高雄州高雄郡的高雄街，升格為高雄市，市役所（市政廳）就設在哈瑪星，自此，高雄的政治與經濟重心，正式從旗後移至哈瑪星。

「打狗」位居南臺灣主要漁場的中心位置，除盛產鮪魚、旗魚、鰹魚外，每年冬至前後，來自中國長江流域出海口的「烏魚」也隨洋流南下，日治初期，高雄近海漁獲主要運往紅毛港及旗後等漁市場拍賣，大正八年（1919）佔地寬廣、設備新穎的「鼓山魚市場」落成啟用，昭和二年（1927）日人再建可以容納50噸以下漁船150艘的「鼓山漁港」，並有完善的製冰廠、冰凍廠、倉庫等設備，自此，哈瑪星取代旗後成為高雄漁業重鎮。當時漁業界知名的王沃、蔡文彬（二戰後改名蔡文賓）等人，也在遷居哈瑪星後發跡致富，各地移民也不斷湧入，以澎湖、小琉球和臺南安平、北門郡蚵寮人居多。

租地建廟　名匠獻藝

昭和十四年（1939），日府擴大都市計畫範圍，將市役所從哈瑪星遷至鹽埕埔榮町（今高雄市立歷史博物館），昭和十六年（1941）又將打狗驛遷至大港埔（今三民區高雄火車站現址），城市治理與民生重心隨之轉移。舊市役所曾改成雙葉國民學校，昭和二十年（1945）毀於戰火中。

二戰後，1949年哈瑪星居民集資向國有財產局承租舊市役所土地建「高雄代天宮」，1951年動工，1954年奉請神佛安座後，聘請國內知名匠師承做各項寺廟裝飾長達10年，包括彩繪陳玉峰、蔡草如、陳壽彝、潘麗水，木雕蘇水欽、黃良、黃玉瑤、葉經義，剪黏葉鬃、葉進益、葉進祿，紙雕金登富、石雕張木成、書法蔡元亨等。

1960年興建後殿「青雲寺」，1962年完工。1979年興建宮前牌樓，1980年廟埕兩側建龍鳳雙樓。2009年登錄為歷史建築。2010年向國有財產局承購廟地。

北式牌樓 宏偉典雅

　　從臨海二路轉入鼓波街，高雄代天宮華北式建築造型的牌樓，在鋪陳有序的墨綠瓦當和滴水襯映下，宏偉又不失典雅，簷下作螭虎拱，傳說螭虎是勇猛之獸，取其形，表現前挑後頂的力學與美感，螭虎造型由蘇水欽木雕再用FRP翻模後組成，簷柱下的花籃、豎材上的人物雕刻、插角裡的靈獸和精緻費工的結網等木構件，無不精雕細琢且表面都貼上金箔，在陽光照耀下更顯富麗堂皇。

　　牌樓內是寬敞的廟埕，兩邊有許多特色小吃店，每到日暮黃昏，廟埕聚集多家小吃攤商，相當熱鬧。

華北式牌樓簷下作螭虎拱。

熱鬧脊頂　多福多壽

該宮為華南式二殿二護室格局，屋頂採「假四垂」做法，就是在硬山屋頂中央架起一座歇山頂，形成多脊、多重簷建築模式，三川牌樓面集各項寺廟裝飾名匠作品於一身。

站在廟埕，視線首先被三川殿和龍虎配殿脊頂鮮豔的剪黏所吸引，該宮剪黏為臺南匠師葉鬃1956至62年間，和他的兩個兒子葉進益、葉進祿合作完成，三川殿脊頂作「雙龍護珠」，摩尼珠下作「鯉魚吐水」，取「魚躍龍門」之意，大脊故事取自《三國演義》，兩邊垂脊牌頭故事取自《封神榜》。

虎邊配殿脊頂中間為財子壽三仙，後立侍女，兩旁為南極仙翁與數名童子，「南極仙翁」為福壽之神，寓意「多福多壽、子孫滿堂」，大脊作公獅與鷹，取「英（鷹）雄（雄獅）」諧音，兩邊垂脊牌頭故事，右邊取自《封神榜》，左邊取自《三國演義》。

龍邊配殿脊頂中間為「天官」，旁立太監和太子，兩旁為南極仙翁與數名童子，大脊作麒麟、鳳、牡丹，有「望子成龍、望女成鳳」含意，兩邊垂脊牌頭故事取自《三國演義》，右邊為「古城會」，左邊是「空城計」。

當時葉鬃的兩個兒子都能獨當一面，父子三人除合作屋頂剪黏外，該宮正殿對看堵（有匠師稱「大方堵」），由潘麗水設計，集泥塑、剪黏、彩繪而成的「蟠桃赴會」和「三教大會萬仙陣」，由長子葉進益施作，三川牌樓正面和龍虎配殿水車堵內的泥塑剪黏，由專精小型人偶泥塑剪黏的次子葉進祿獨立完成，每個剪黏人偶高約十五公分，這些作品如今都是該宮重點保護文物。

1.龍邊配殿脊頂剪黏「天官」。
2.虎邊配殿脊頂剪黏「財子壽」。
3.三川殿脊頂剪黏「雙龍護珠」。
4.虎邊配殿水車堵內「關公護二嫂」泥塑剪黏。
5.屋頂為「假四垂」。

工藝
之美

高雄找廟趣

「關公護二嫂」泥塑剪黏特寫。　　　　　　　　三川中門前圓雕石獅。

鳳咬磬牌　群雄爭錦

　　視線從天際往下，接著欣賞三川牌樓的石雕，兩邊簷柱石雕「清供博古」，龍柱為「雲龍柱」；單龍攀附，龍頭在下，向上仰望，匠師稱為「雲從龍」作法，龍柱上雕數名仙人，最上有一鳳，咬咬磬牌，柱珠為八角形，八個面各雕刻不同主題，除八寶紋飾外，還有螃蟹、小卷等海洋生物。

　　三川步口對看堵身堵，主題取自《三國演義》，虎邊為「孔明征南蠻」，各種奇形怪狀的野獸分置畫面各處；龍邊為「關公護二嫂」。正立面兩扇石雕格扇門，兩邊頂板皆雕花鳥，裙板皆雕麒麟，兩邊格心主題取自《三國演義》，龍邊為「孔明初用兵」，虎邊為「群雄爭錦」。

　　三川殿的一對百鳥柱，柱頭為融合柯林斯柱式柱頭以毛莨葉做裝飾以及愛奧尼克柱式捲渦形柱頭的「複合式柱式」（Composite order），這種日治時期廣泛應用於建築中的柱飾，讓東方傳統寺廟增添一份西洋異國情調。

　　正殿一對龍柱作「一柱雙龍」；上下各有一條鏤空蟠龍纏繞石柱，姿態翻騰飛舞，匠師稱為「天翻地覆」式，這

三川牌樓龍柱為「雲龍柱」。

188

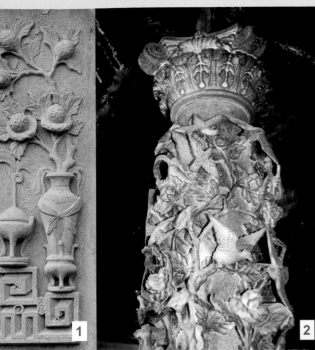

些石雕都由台北石匠張木成施作，部分作
品以店名「張協成石店」落款。

　　1960年代，寺廟時興以雕刻石板裝
飾牆面，通常由畫師先在石板上作畫，再
由石匠依線條雕刻，該宮龍虎兩邊配殿步
口對看堵，都有臺南匠師陳玉峰落款的石
板雕刻，龍邊為「後出師表」和「孝感動
天」，「孝感動天」是敘述生性至孝感動
天地的舜，在歷山耕作時有象來幫忙耕
田、鳥來協助除草，堯得知舜的賢能，禪
讓皇位給他。

1.三川牌樓簷柱石雕「清供博古」。
2.百鳥柱柱頭為「複合式柱式」。
3.龍邊配殿步口對看堵，石板雕刻「孝感動天」。
4.三川牌樓透雕花籃。

戲曲插角　水族防火

除精緻石雕外，三川牌樓的木雕也非常精彩，除複雜費工的網目斗拱外，簷柱下的鏤空花籃、白菜吊筒、牡丹吊筒，豎材上的人物、通隨上的《三國演義》長板坡和清供博古、獅座斗以及插角，都由高雄匠師葉經義施作，每個插角都以民間熟知的故事為主，如「鳳儀亭」、「貂蟬戲呂布」、「薛丁山大戰樊梨花」等。

雕刻這種大眾耳熟能詳的題材，雕刻者必須瞭解劇中生旦淨末丑各種角色的特徵與表情，才能刻得栩栩如生，以「薛丁山大戰樊梨花」插角為例，樊梨花對薛丁山情有獨鍾，因此三擒三縱，畫面中兩位主角各騎一馬，右邊頭冠插有翎羽的就是樊梨花，雖然雙手持兵器與畫面左邊拿長槍的薛丁山交戰數回合，但從樊梨花所騎馬匹回首之姿，便知她無心戀戰，採「且戰且走」策略，一心想引起薛丁山的注意。

宮內木雕也展現各家專精，三川殿兩壁斗包，上方人物為黃良所雕，下方水族由他的學生黃玉瑤施作，水族代表水神具防火寓意，作品中的蟹、龍蝦為甲殼類，「甲」為序號之首，有「第一」含意。三川殿四點金柱中央的八卦形藻井，臺灣匠師以其類似蜘蛛網稱「蜘蛛結網」，由蘇水欽和葉經義合作完成，藻井中所置人物取自《七俠五義》，三川殿另一木雕精品，當屬蘇水欽雕刻的「上桌、下桌」（拜桌），無論人物、靈獸、水族等，雕工之精細，堪稱巧奪天工。

1

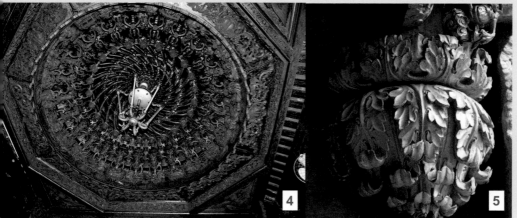

1.「薛丁山大戰樊梨花」插角。

2.牡丹吊筒。

3.三川殿兩壁斗包。

4.三川殿「蜘蛛結網」。

5.白菜吊筒。

6.蘇水欽雕刻的拜桌一隅。

風吹美髯　眼神交會

　　該宮另一重點文物，為臺南彩繪匠師潘麗水的六扇門神。潘麗水1962至74年間，多次參與該宮彩繪工程，作品包括1962年後殿清雲寺龍虎兩牆由他親自泥塑彩繪的「八十八佛顯像」，和後殿隔間牆的大幅「山水彩繪」。

　　該宮門神最初應是陳玉峰所繪，1962年潘麗水重繪，1974年再重繪，2008年吳杏雪修復。潘麗水1974年重繪的六扇門神，以中門一對尉遲恭和秦叔寶最經典，無論衣冠、線條、用色都有其獨到之處，尤其講究眼神，不僅靈活有神，觀者無論站在什麼位置，都能和門神威嚴又不失慈藹的目光交會，長及腰部的鬍鬚，更是絲絲分明且蓬鬆輕盈，微風吹來，美髯彷彿會隨風飄動。

　　據他的兒子潘岳雄透露，潘麗水畫鬍鬚時，會在墨汁中加入具肥皂作用的中藥「黃目子」（無患子），如此一來便可克服油漆表面光滑難以上墨的困境，所以畫出來的鬍鬚特別濃密有致又不呆板，廣受各地寺廟喜愛與重視。

　　據傳，龍王因觸犯天條被判死刑重罪，由兼管陰陽兩界的唐朝大臣魏徵執刑，龍王於是向唐太宗求救，太宗欣然答應，執刑當日召魏徵入宮下棋，藉以耽誤行刑時辰，不意，魏徵棋下到一半就睡著了，原來他的魂魄「夢斬龍王」。

中門門神「秦叔寶」。
（高雄代天宮提供）

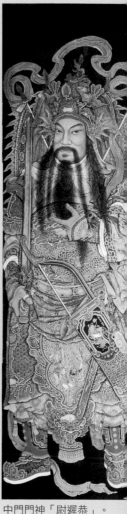

中門門神「尉遲恭」。
（高雄代天宮提供）

　　龍王死後心有不甘，對太宗失信心生怨恨，於是夜夜來索命，朝臣尉遲恭和秦叔寶見太宗夜夜惡夢，自願鎮守宮門，太宗果然一夜好眠，由於不忍兩人每天徹夜守衛，便命畫匠繪兩人形貌貼於宮門。自此，民間便以兩人形貌為門神。

　　另外，正殿四點金柱上所雋刻對聯，書法出自蔡元亨。三川殿與正殿龍虎牆由金登富所作四組紙雕「唐明皇遊月宮」、「孫臏人點龍眼醫虎喉」、「老子出函谷關」、「孫悟空大鬧蟠絲洞」，人物、靈獸皆逼真生動。

信仰與傳說 。

開基祖師　長留高雄

　　高雄代天宮主祀李、池、吳、朱、范五府千歲、「蚵寮保安宮」深山尉池府千歲（又稱老池王）和清水祖師。

　　五府千歲分靈自「南鯤鯓代天府」，深山尉池府千歲分靈自「蚵寮保安宮」，最特別的當屬清水祖師，該宮常務董事王江柱（1936~）表示，蚵寮人昭和五年（1930）到哈瑪星工作時，自故鄉「蚵寮保安宮」迎請「開基清水祖師」金身蒞境護佑，初始由旅居高雄鄉親輪流奉祀，每年農曆1月22日清水祖師聖誕，就在鼓山魚市場內設臨時神壇，然後返鄉迎請眾神駕臨安座，供境內信眾膜拜祈安並演戲酬神，俾求合境平安。

　　這尊「開基清水祖師」金身自此長期留在高雄，「蚵寮保安宮」直到十幾年前才依此尊金身仿刻一尊供奉。該宮現有兩尊「清水祖師」，迎自「蚵寮保安宮」的稱「開基祖師」，該宮安座後又新刻一尊，稱「新祖師」。

高雄代天宮主祀李、池、吳、朱、范五府千歲和深山尉池府千歲。

吳府千歲 親點廟地

日治時期旅居高雄鄉親除信奉清水祖師外，並以故鄉的「南鯤鯓代天府」五府千歲、「青山寺」觀世音菩薩、「蚵寮保安宮」深山尉池府千歲、南山紫竹林觀音菩薩等神佛為信仰寄託。

二戰後1949年，當地居民為感念神佛庇佑恩澤，集資承租舊市役所土地，計劃建公厝安奉諸佛神仙，王江柱表示：「舊市役所二次大戰時全毀，戰爭結束後成了居民丟棄垃圾的地方，當初承租時垃圾堆積如山，靠著信眾群起協助，一星期才清理乾淨。」

地上物清理乾淨後，恭請「南鯤鯓代天府」吳府千歲和「蚵寮保安宮」深山尉池府千歲前來主持建廟事宜，經

後殿「清雲寺」。

← 正殿神龕。

吳府千歲「起駕」指示要南下濟世，隨即點出建築體的格局方位（踏廟地）並命名為「高雄代天宮」。

王江柱表示，當時吳府千歲所踏廟地相當廣闊，遠遠超出信眾原先商議只建公厝的想法和預算，深恐以當時的人力與物力無法負擔，但吳府千歲要信眾「放心！」果然，從建廟、安座，到後來長達10年的建築裝飾及1960年起建清雲寺，信眾捐款不斷。

值得一提的是，「高雄代天宮」完工後，蚵寮人通稱「蚵寮廟」，引發當地移民自澎湖、小琉球等地，也有捐錢建廟的居民抗議，之後改稱「哈瑪星廟」或「哈瑪星大廟」。

崗山佛祖　姐弟互稱

該宮後殿「清雲寺」奉有一尊兩百多年歷史的木雕觀音佛祖，是在一次法會中，因緣俱足下，由大崗山超峰寺迎回奉祀，這尊「崗山佛祖」與該宮的深山尉池府千歲和吳府千歲以姐弟互稱，「崗山佛祖」每3年回超峰寺謁祖時，都由兩位千歲一路陪同「回娘家」。為了讓「崗山佛祖」回娘家時免於路面顛簸之苦，該宮1965年撥經費興築柏油路通往該寺，1973年該柏油路面年久失修，再撥款重修。

神尊聖誕　演戲酬神

該宮主祀神尊聖誕及相關祭典如下（日期皆為農曆）：

1月22日	清水祖師聖誕，祝壽乞龜法會、演戲酬神。
2月19日	觀世音菩薩聖誕，祝壽法會、演戲酬神、備素宴與信眾結緣。
4月26日	李府千歲聖誕，提前回南鯤鯓代天府進香謁祖，慶祝聖誕、演戲酬神。
4月27日	范府千歲聖誕，慶祝聖誕、演戲酬神、乞五王令。
6月18日	池府千歲聖誕，慶祝聖誕、演戲酬神。
8月15日	朱府千歲聖誕，慶祝聖誕、演戲酬神。
9月15日	吳府千歲聖誕，慶祝聖誕、演戲酬神。
10月18日	深山尉池府千歲聖誕，提前回「蚵寮保安宮」進香謁祖，慶祝聖誕、演戲酬神。

聚落人文。

　　該宮座落的南鼓山地區是海埔新生地,以外來人口居多,包括澎湖、小琉球和臺南北門郡蚵寮人,由於這些外來人口的故鄉和哈瑪星一樣都靠海,漁獲及其周邊相關行業如牛車工、搬運工等是居民的主要經濟來源,同在異鄉打拼,更能互相體諒提攜,因此凝聚相當強的向心力與社區支援網絡。從該宮的起建便可看出這種團結一致的人文特質。

捐鯊魚肚　積沙成塔

　　該宮起建當時近海漁獲豐富,漁民決議捐出所有的「鯊魚肚」(內臟)給宮方做建築經費。當時,漁船一入港,宮方便派人到魚市場負責剖魚肚,然後登記數量,賣給專收內臟的買家後,所得款項登記為該漁民所捐,王江柱表示:「鯊魚肚雖然不值錢,但積沙成塔,三年多神佛就安座了。」

　　之後,逢政府鼓勵造船業者建造漁船,且造船技術也從木殼漁船提升到鋼殼船,漁獲量大增,1970年代以降,遠洋漁業進入黃金期,遠洋漁船入港後捐款出手闊綽,讓宮方能夠以高於其他宮廟的工資且以日計酬方式,延聘全國各領域頂尖匠師到該宮施作各項令人讚嘆的建築裝飾。

遠洋船員　先割盲腸

　　隨遠洋漁業進入黃金期，哈瑪星除船行、銀行和報關行林立外，旅社也多達6家，包括環球、壽山、四海之家、三同、福春、瑞祥，源於遠洋漁船一出港就是兩三年，因此出港前家中女眷和親屬就會來送行並投宿。

　　由於遠洋漁船大多在印度洋、南太平洋、大西洋等漁區作業，且作業期長達兩年，船東惟恐船員因盲腸炎延誤就醫危及生命，所以出港前要求船員在該區的「柯外科」進行盲腸割除手術。

新船下水　大撒麻糬

　　1950至70年代是哈瑪星的漁業黃金歲月，當地不僅有「漁民醫院」、「鼓山戲院」還有「漁民子弟幼稚園」，漁會也利用公佈欄公告氣象資料，對漁民的照顧和服務相當周到。

　　當地遇有新船下水，船東和船員就會從船上撒下餅乾、麻糬、糖果、錢幣等給岸上的民眾同沾喜氣，地方耆老表示，麻糬日文發音為「mochi」，即「持有」的意思，寓意船東祈求長期擁有此船。

高雄代天宮大事記。

1930年	臺南北門郡蚵寮人到哈瑪星工作，自「蚵寮保安宮」迎請「開基清水祖師」金身菹境護佑
1949年	哈瑪星居民集資向國有財產局承租舊市役所土地，籌建高雄代天宮。
1951年	動工興建。
1952年	上樑。
1954年	奉請神佛安座。
1953-62年	聘國內知名匠師承做各項寺廟裝飾，包括彩繪陳玉峰、蔡草如、陳壽彝、潘麗水，木雕蘇水欽、黃良、黃玉瑤、葉經義，剪黏葉鬃、葉進益、葉進祿，紙雕金登富、石雕張木成、書法蔡元亨等。
1960年	興建後殿「青雲寺」。
1962年	「青雲寺」完工。
1974年	潘麗水重繪門神。
1979年	興建宮前牌樓。
1980年	廟埕兩側建龍鳳雙樓。
1984年	潘岳雄彩繪壽樑、抬簷樑等處。
2008年	吳杏雪修復潘麗水1974年所繪門神。
2009年	登錄為歷史建築。同年在高雄市政府民政局輔導下舉行「彩繪平安燈活動暨彩繪藝術保存維護講座」。
2010年	向國有財產局承購廟地。

特色景點旅行地圖。

因「打鼓山」（今萬壽山）得名的鼓山區，以鐵路和愛河與三民區和鹽埕區交界，轄區內古蹟多達10處，歷史建築也有8處，數量居全市之冠，且擁有西子灣等自然景觀，相當適合安排歷史人文之旅。

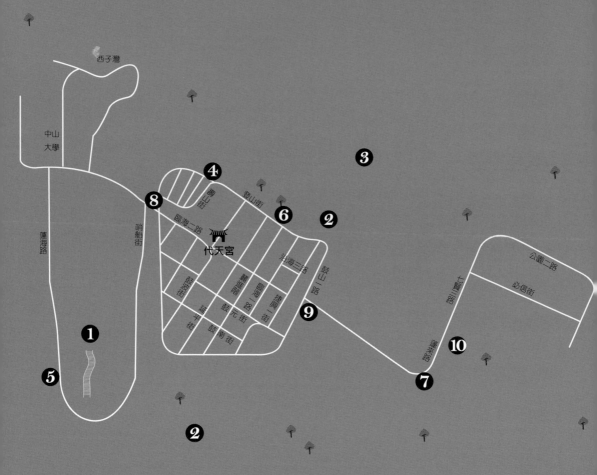

市定古蹟　打狗英國領事館官邸、高雄州水產試驗場（英國領事館）、打狗英國領事館登山古道。

官邸。

英國領事館辦公室二戰後改「高雄州水產試驗場」。

登山古道。

　　「打狗英國領事館官邸」建於同治四年（1865），原為英商「天利洋行」所有，英國領事館同治六年（1867）承租，之後買下作為館舍。昭和六年（1931）改作「高雄海洋觀測所」，二次大戰末期遭美軍炸毀部份房舍，二戰結束初期曾作為「氣象局測候所」，後因疏於管理又遭1977年賽洛瑪颱風侵襲，處處斷垣殘壁，1987年內政部指定為二級古蹟（2001年依增訂文化資產保存施行細則第76-1規定改為市定古蹟）後修復成現狀。2003年高雄市文化局委外整修暨經營管理，2004年重新開館營運至今。

　　位於官邸下方的英國領事館辦公室（含巡捕區與監牢），二戰後改為「高雄州水產試驗場」，2005年指定為市定古蹟，兩棟建築物以2004年指定為市定古蹟的「打狗英國領事館登山古道」聯結。

市定古蹟——打狗水道淨水池

　　都市基礎設施是一個都市近代化發展的重要具體象徵，其中，供水設施更是一個與民生直接相關，且足以標舉城市進步的歷史見證，日治時期分3期修築打狗港，明治四十一年（1908）至大正元年（1912）進行第一期築港工程，並於明治四十三年（1910）6月開始下淡水溪研究測量，同年底完成送水幹線道路測量，由總督府直接負責興建管理「打狗水道」，大正二年（1913）10月全市供水，且至今仍供水給鼓山、鹽埕和柴山軍區，為一活體古蹟，2004年指定為市定古蹟。

　　從該古蹟沿著萬壽路可前往2007年登錄為歷史建築的「高雄市忠烈祠及原高雄神社遺跡」，以及適合全家出遊的「壽山動物園」。

市定古蹟——內惟李氏古宅

　　李氏古宅建於昭和六年（1931），為巴洛克式造型二樓洋房，李榮的這棟古宅與陳中和洋樓並列高雄市南、北兩大風格獨特的洋樓。門廊的希臘式柱頭及圓弧形山牆是一大特色，「13溝面磚」的使用也反應當時的建築特色，這種將磚面表面作成13條凹凸摺線的面磚又稱「國防色面磚」，流行於大正年間（約1920年代末）至昭和年間（約1940年代初），有淺綠、土黃和褐色等，是日府為因應未來的戰事，在建築物外牆上使用這種具防空保護作用的面磚，可以避免反光引起敵機轟炸。該建物雖已八十幾年歷史仍維護完整。1999年指定為市定古蹟。

市定古蹟──武德殿

明治二十八年（1895）日本京都成立「大日本武德會」，會員以警察為主，所建武道場稱為「武德殿」，由於警察肩負保護人民安全之責，因此學習武術格外重要，日治後在警察系統推動下，臺灣的州、廳、郡陸續興建「武德殿」。

高雄市武德殿大正十三年（1924）完工，屬警察署管轄，1945年二戰後改由鼓山國民學校代管，曾權充教職員宿舍，後因無人進駐逐漸荒廢，1999年高雄市民政局指定為市定古蹟，2003年文化局成立後積極進行整修規劃設計，2004年完工，2005年委託社團法人高雄市劍道文化促進會經營管理，是高雄市第一座非營利古蹟委外案例，也是全國第一座以原始功能再利用的古蹟。

市定古蹟──雄鎮北門

「雄鎮北門」（打狗砲臺）建於同治十四年（1875），與旗後的「旗後砲臺」共扼打狗港，屬於近程砲臺，地勢較低，四周圍牆以三合土與咾咕石疊成，呈不規則橢圓形。

日治時期營舍被充作港口信號管制所和辦公房舍，後因軍事需求，大砲被移走銷融，二戰後乏人管理成了斷垣殘壁，目前只剩兩座弧形砲座、砲臺城門和完整的厚牆垣供憑弔。

1985年內政部指定為二級古蹟（2001年依增訂文化資產保存施行細則第76-1規定改為市定古蹟）。此處視野遼闊，從觀景臺可俯瞰第一港口船隻出入。

市定古蹟──原愛國婦人會館（紅十字育幼中心）

日治時期，為增進高雄州所屬各地婦人聯誼，民政長官後藤新平夫婦大正九年（1920）倡議成立「愛國婦人會館高雄州支部」，簡稱「高雄婦人會」，並開始興建會館，大正十一年（1923）內部設備完工，建築型式為磚木混造，具1920年代建築特色。昭和十三年（1938）改建。

二戰後1945年改為「中華民國紅十字會高雄分會附設紅十字育幼中心」，建築現況保存良好，雖局部空間經過整建，但無損於其歷史價值與意義。2004年指定為市定古蹟。

歷史建築──香蕉棚

　　1960年代臺灣香蕉銷日第二個高峰期時，於1962年興建香蕉出口專用倉庫，俗稱「香蕉棚」，隔年完工啟用。後因香蕉外銷量激增，設備不敷使用，1965年於原香蕉棚後方擴建「雙層香蕉棚」，隔年完工而成現今規模，隸屬於港務局。2003年登錄為歷史建築，現今港務局將其更名為「香蕉碼頭」並委外經營。

　　「香蕉碼頭」旁是2003年登錄為歷史建築的「棧二庫、棧二之一庫」，與「香蕉棚」同時見證高雄舊港區的發展，現更名為「漁人碼頭」。

歷史建築──西子灣隧道及其防空設施

　　「西子灣隧道」原名「壽山隧道」，昭和二年（1927）由海野三次郎負責開發興建，作為第二期築港工程時運送築防波堤材料的主要運輸道路，隔年完工，全長260公尺，昭和二十年（1945）美軍轟炸時為日本殖民地的臺灣時，曾改作防空洞使用。2004年登錄為歷史建築，對於洞穴建築形式的登錄具典範性作用。

　　若從南鼓山（哈瑪星）穿越該隧道，可直達國立中山大學和以夕陽美景及天然岩礁聞名的西子灣，迷人的「西子夕陽」是臺灣八景之一。

歷史建築──舊打狗驛

　　明治三十七年（1904）日府嘗試在打狗港灣進行港外淺洲試濬時，利用濬港所挖出的泥沙填築打狗正式的火車站（今高雄港站），明治四十一年（1908）完工，「打狗驛」是高雄市最早的火車站，昭和十六年（1941）遷至三民區現址，2003年臺鐵高雄港站站體（含月臺）登錄為歷史建築。

　　後考量北號誌樓及其附屬設施包括轉轍器系統、連動關節機械裝置，深具古典工藝價值及代表性，應一併予以保存，於2010年登錄為歷史建築，並變更原涵蓋範圍及名稱為「舊打狗驛」，隸屬於臺鐵。附近可以順遊見證往昔「哈瑪星」商業金融繁華景象、2003年登錄為歷史建築的「舊三和銀行」，以及2010年成立的「打狗鐵道故事館」。

歷史建築──高雄港港史館

　　大正元年（1912）打狗港第一期築港工程完成後，打狗港的營運量突飛猛進，當年貨物吞吐量達44萬噸，貿易總額佔全國37.54%，因此常發生港口設備不敷使用情形，臺灣總督府同年實施第二期築港工程，原預計大正十一年（1922）完工，但因受財政、物價波動等因素影響，延至昭和十二年（1937）才完工。

　　「高雄港港史館」建於大正三年（1914），當時做為打狗港海關聯合檢查處和稅關建築，結構至今保留完整，2003年登錄為歷史建築。現由交通部高雄港務局管理，保存與展示港史資料。

王爺公來保庇。

一般民眾所稱的「王爺」或「王爺公」，泛指「五府千歲」，即俗稱的「五王」。早期，臺灣人民日常生活中，家中小孩洗澡或是到海邊弄潮、河邊戲水時，家中長輩都會叮嚀，脫衣入水後要先用手沾水，然後輕拍胸膛腔念：「1234，囝仔人洗身軀無代誌，王爺公、媽祖婆來保庇！」可見，王爺公和媽祖婆受百姓信任與尊崇的程度。

冤魂收瘟神　玉帝封千歲

王爺的由來，自古即眾說紛紜，流傳較廣的說法為，唐玄宗為考驗張天師的法力，命新科進士360人在宮殿地下室吹笙奏樂，然後召來張天師說：「朕每以此怪異聲響而感困擾，據你所知，這是妖還是怪？」天師回答：「既不是妖，也不是怪。」玄宗明知所答無誤，仍堅持要天師設法解決，天師奉命，拔出腰間佩劍，口念咒語作斬妖狀，地下室樂聲嘎然而止，經派人查看，360名新科進士全數死亡。玄宗憐憫他們無故喪命，又害怕他們的冤魂作祟，便賜「千歲」封號，命天下建廟供奉。

關於「王爺公」的由來，高雄市鼓山、鹽埕地區的傳說與唐玄宗無端害死360名新科進士雷同，但人數為36人，後面的故事情節也不太一樣。據說，36進士無端冤死後，上天庭告狀，說他們寒窗苦讀，好不容易考試及第，皇上若無意封官，應該放回鄉里，不該讓他們成為考驗張天師法力的祭品。玉皇上帝（天公）聽完他們的遭遇後非常生氣，命瘟疫神下凡，面對瘟疫四處蔓延，朝廷也無力解決民眾疾苦，玉皇上帝再封36進士為「千歲」，命其代天巡狩，將人間瘟疫神悉數收回後享民間香火。

大王爺作客　乞丐座上賓

玉皇上帝詰封的榜文，捲放竹筒裡在海上漂流，有一個乞丐看到後用打狗棒撈近撿起，打開時，竹筒裡的榜文竟飛上天，降落龍案上，隔天，唐玄宗閱畢，頓感自己一時糊塗害36進士含冤莫伸，並感念他們收服各地瘟疫，從中挑選「李池范朱吳」即「五府千歲」享人間香火，其餘31府「遊縣食縣，遊府食府」，每年「五府千歲」聖誕祭典時，輪流迎請一府前來祭拜，稱「大王爺」。

迎請「大王爺」依序有「請王」、「宴王」、「送王」（把王船推到海上）等儀式，相傳，「送王」時若有乞丐攔路，說一聲：「大哥，你飽，我還沒飽。」王船就任推不動，原來，當年詰封的榜文是由乞丐撿起，因此，只要乞丐表明還沒吃飽，「大王爺」就不忍拋下

「小弟」乘船離去,所以,每年「迎王」時廟方都會辦桌招待乞丐,邀請他們成為座上賓。

　　要說明的是,一般神明巡行境內叫作「遶境」,只有「五府千歲」才能稱「代天巡狩」,因為祂們是代替玉皇上帝收服各地瘟神,玉皇上帝是天界至尊,才能用「巡狩」二字。

舉人卓肇昌　阻王船啟航

　　已故高雄文史學家林曙光先生曾寫過一本《打狗滄桑》,裡面有一則與王船有關近乎神話的傳說。

　　乾隆庚午年間,左營出了位舉人卓肇昌,據說,卓老爺童年時負責放牛,小孩生性好玩,難免疏於看管牛隻,任由牛隻偷吃田園裡的穀物而被責罵。一日,海邊飄來一艘王船,當時的卓小弟可能出於好玩,將王船裡的「阿班」(船長)木偶拔起,綁在榕樹上,交代他好好看管牛隻後就和牧童們一起戲耍,直到黃昏才牽著牛回家,卻忘了幫「阿班」鬆綁。

　　當晚,他的母親夢見一位王者裝束的神尊,向她行禮後說:「小神不知卓大人在此,泊船有所冒犯,惟『阿班』為卓大人所執,不能開船,煩請轉告卓大人能早點放回,即時開往他地,不敢打擾貴地。」

木雕藝師：蘇水欽、葉經義

剪黏藝師：葉鬃、葉進益、葉進祿、葉明吉

木雕藝師：蘇水欽、葉經義

石雕藝師 張木成

彩繪藝師：潘春源、潘麗水、潘岳雄

石雕藝師 張木成

彩繪藝師：潘春源、潘麗水、潘岳雄

藝師臉譜

彩繪藝師：陳玉峰、蔡草如、陳壽彝

木雕藝師：蘇水欽、葉經義

剪黏藝師：葉鬃、葉進益、葉進祿、葉明吉

石雕藝師 張木成

彩繪藝師：潘春源、潘麗水、潘岳雄

彩繪藝師：陳玉峰、蔡草如、陳壽彝

木雕藝師：蘇水欽

彩繪藝師：陳玉峰、蔡草如、陳壽彝

剪黏藝師：葉鬃、葉進益、葉進祿、葉明吉

206

石雕藝師：張木成

　　張木成（1904~1993），生於中國福建省惠安縣淨峰鎮五群村，此區土地貧瘠，農耕條件不佳，因此同村親族不是前往南洋經商就是以打石為業。張木成的父親張火廣（1874~1937）是當地知名工匠之一，大正四年（1915）受邀來臺承做板橋接雲寺的石雕，之後，作品散見臺北木柵指南宮（1923）、八德三元宮（1925），八里天后宮（1926）、新莊地藏庵（1937）等。

　　張木成生前曾表示，父親並不希望他從事石雕工作，所以並不熱衷於傳承技藝，然而同村都是打石師傅，耳濡目染下，石雕基礎已具相當程度，大正十三年（1924），他瞞著父親搭船到臺灣，當他出現在木柵指南宮時，拿著釘鎚的父親只好同意他跟在身邊學習。昭和元年（1926）父親承做八里天后宮時與辛阿救對場作，他也參與該工程。

　　昭和六年（1931）首次承包澎湖馬公城隍廟石雕工程，因此機緣認識大木設計師謝自南及一批澎湖的打石匠，造就他日後承包臺灣中南部寺廟石雕工程的契機。昭和十二年（1937）承做淡水清水祖師廟石雕工程，同年爆發中日戰爭，臺灣和中國交通中斷，無法返鄉探親，直到1945年戰爭結束後才得以返鄉探視妻兒，不料1949年國民政府播遷來臺後，兩岸交通再度因為政治因素阻斷。1948年參與高雄旗後天后宮第三次大規模重修，時年43歲的張木成正值壯年，1950年代承做高雄代天宮，簷柱石雕「清供博古」圖案以「張協成石店」落款，1955年作艋舺龍山寺龍柱石雕。1962至64年間，逐漸脫離親手雕作的工作型態，轉型為承包寺廟石雕工程為主，1968年開始用空氣壓縮機加快工作進度，也大量使用切臺、車模機等設備，提升工作效率。

　　由於本身才藝出眾，因此承包相當多寺廟石雕工作，加上老實、不與人計較的個性，深獲宮廟肯定，他的匠師班底不僅只有親屬和徒弟，他會利用每次外出工作的機會，觀察

當地工匠，然後去蕪存菁，維持一批優秀匠師班底，這種事業模式在他的靈活運用下大量承包各地寺廟石雕工程，在1960至80年代，相當程度的影響臺灣寺廟石雕的風格與走向。

　　1985年事業交棒後，1987年兩岸開放探親，1991年一償返鄉探親夙願，1993年再度返鄉時病逝於長子張水枝家中，一代石雕藝師終於落葉歸根。

張木成承做高雄代天宮石雕時以「張協成石店」落款。

木雕藝師：蘇水欽、葉經義

在臺灣的木作系統中，鑿花師傅與作門窗的匠師稱為「小木作」，高雄的木雕匠師系統以泉州蘇水欽的「蘇派」和黃良的「黃派」為主。

蘇水欽（1898～1978此生卒年根據他的學生葉經義先生記憶所寫）

中國泉州惠安人（此說法為2011年採訪葉經義先生所得。李乾朗著《台灣古建築圖解事典》第163頁寫他來自漳州與潮州交界的東山島。）木雕風格纖巧細膩，作品以人物見長，姿態豐富多變，生旦淨末丑各異其趣，水族類的魚蝦雕刻也極為傳神，1953年與以花鳥見長的黃良一起受邀為高雄代天宮施作鑿花多年。值得一提的是，兩人當時跟在身邊的學生；黃良帶黃玉瑤、蘇水欽帶葉經義，日後都成為知名藝師，堪稱名師出高徒。

葉經義（1937～）

人稱「阿義師」，日治時期出生於高雄市，壽國民學校（今鼓岩國小）畢業。1952年拜蘇水欽為師學習木雕，1953年蘇水欽為高雄代天宮施做鑿花前後長達10年，葉經義也從學徒到能獨當一面，1955年師徒倆為原高雄縣茄苳鄉萬福宮雕刻拜亭與正殿神龕，1997年該宮拆除改建，拜亭和正殿神龕由國立自然科學博物館買下永久典藏與展示。

精湛純熟的技藝深獲寺廟信賴，作品見於里港雙慈宮正殿神龕（1961）、大甲鎮瀾宮神龕（1965）、高雄市三鳳宮整體木雕（1966）、高雄市玉皇宮整體木雕（1967）、高雄市左營孔廟（1975）等，還多次承接日本的寺廟工程。

1990年起參與國內多處古蹟及歷史建築修復工程，2006年獲第二屆大墩工藝師獎、2007年獲第十四屆全球中華文化藝術薪傳獎、2008年經高雄市傳統藝術審議委員會審議同意登錄為「傳統工藝美術－木工藝類」藝師，同年獲聘為第二屆「高雄市傳統藝術審議委員會」委員。2010年高雄市定古蹟楠梓天后宮進行修復，正殿神龕門楣改木雕，2011年委請他雕刻13堵牡丹。

藝師 臉譜

高雄找廟趣

木雕藝師葉經義。

臺灣廟宇木構樑枋彩繪源於南式彩繪風格，早期中國來臺匠師並無意授徒，畫師大多聘自唐山，大正九年（1920）中國泉州汕頭業餘水墨畫家呂璧松客寓臺南3年，陳玉峰和潘春源皆就教於他，而後成為臺南民間彩繪兩大家族。

陳玉峰（1900～1964）

本名陳延祿，人稱祿仔司、祿仔仙或陳畫師，生於臺南市辜婦媽廟附近，上有兩個哥哥一個姊姊，明治三十五年（1902）父親積勞病逝，在母親和兄姊照料下養成獨立性格。小時候常趁家人不注意時溜到東嶽帝廟一帶玩耍，因此接觸到廟宇及四周書畫裱褙店裡的傳統圖像，啟發他的繪畫天分，大正二年（1913）公學校畢業後在堂兄陳延齡教導下學習詩文漢學。15歲在姐姐引介下隨從業畫師學藝。

大正九年（1920）陳玉峰已在臺南業界立足，為了精進畫技，他前往拜訪當年客寓臺南的泉州汕頭水墨畫家呂璧松，兩人一見如故，呂璧松客居臺南3年期間，他幾乎每天都前往拜訪，請其指教當日畫作，呂璧松鼓勵他到閩粵泉廈潮等地觀摩。

大正十二年（1923）他前往潮汕一帶遊歷半年，回臺不久，承做臺南縣東山鄉陳宅彩繪工程，隔年應邀到澎湖天后宮負責三川殿次間彩繪，這次工作讓他獲得大廟彩繪實作經驗，並結識何旺（人稱「妝佛旺」）等藝師，之後承做多件民宅彩繪工程。昭和八年（1933）外甥蔡草如拜他為師，習彩繪技藝。

他曾在框裱店作畫，也應臺南大舞台劇場之邀繪製舞臺佈景，同時開始承做廟宇彩繪，昭和十二年（1937）承做臺南「陳德聚堂」壁畫及彩繪門神，隔年應安平「協泰源號窯場」之請，繪製古典文人畫風的磁磚畫，1945年二戰後，曾彩繪畫扇維生，也受邀繪製玻璃油彩廳頭畫。

1948年承做高雄旗後天后宮彩繪工程，獨子陳壽彝（1934~）參與工程中，此時陳玉峰已有自己的工作團隊。

承做過的寺廟包括笨港水仙宮（1948）、嘉義城隍廟（1949）、臺南善化慶安宮（1952）、北港朝天宮（1954）、雲林褒忠馬鳴山鎮安宮（1954）、高雄代天宮（1954）、臺南大天后宮（1956）等，1963年承做高雄左營慈濟宮、高雄左營三山國王廟，同年前往臺北松山慈祐宮工作時，北部濕冷天氣引發肝疾復作，隔年病逝。

　　其人物畫造型溫文儒雅，臉部飽滿豐潤且設色典雅，作品帶入光影、注重比例等技法，影響臺灣現代傳統彩繪作品風格甚深。家族第二代有外甥蔡草如、獨子陳壽彝。

蔡草如（1919～2007）

　　本名蔡錦添，二戰後取「草如」為筆名，9歲即以傑出繪畫才能受師長與同儕矚目，公學校6年級參加臺灣總督府舉辦的海報比賽獲首獎。14歲隨舅舅陳玉峰學彩繪技藝，昭和十八年（1943）赴日本東京私立川端畫學校研習西畫，1945至46年返臺前，在日本受邀為美軍俱樂部從事繪畫工作，返臺後以「伯樂相馬」一作入選首屆全省美展，此後，雖屢獲全省美展首獎，但因時局紛亂，再隨陳玉峰參與各地寺廟彩繪工程，畫風儒雅敦厚，其在膠彩畫的成就深獲城藝府文界敬重，對推動臺灣繪畫運動不遺餘力，先後籌創或參與的繪畫組織包括「臺南市國畫研究會」、「長流畫會」、「臺灣省膠彩畫協會」等。傳子蔡國偉。

彩繪藝師陳壽彝。

陳壽彝作品。

●陳壽彝（1934～）

　　本名陳金鐘，就讀明治國校（今成功國小）時就展露繪畫天分，父親看他頗具天分便教他書法，但小孩生性好玩，陳壽彝常毛筆一丟就跑出去玩，多次被父親責備，在父親嚴格教導下不僅紮穩繪畫基礎，還廣泛閱讀詩詞古籍奠定國學基礎。15歲起隨父親參與高雄旗後天后宮、高雄代天宮等彩繪工程。

　　有感於在寺廟進行彩繪耗時費力，彩繪匠師在建築工藝的分工亦屬次要地位，除非兼擅多項領域的創作才能，方可從「匠」躋身為「師」，表兄蔡草如也鼓勵他學習西洋畫不要被傳統所縛，他開始利用工作空檔寫生，嘗試打開創作視野，並同時用水墨和膠彩創作，擅長人物、花鳥、山水等寫實風格，22歲便以「獨立山」入選第10屆省展，之後獲獎無數。

有感於臺灣修廟風氣盛，老一輩藝師的作品在汰舊換新下真跡難覓。2009年臺南「總趕宮」進行修復時接受他的建議，將他1966年為該宮所繪六扇門神中門一對拆下留作文物，再由他依原貌新繪。嘉義朴子「配天宮」的門神早年是他和父親合作彩繪，約莫三十年後由蔡草如重繪，2011年配天宮修復時也拆下留作文物，再委由陳壽彝為六扇門神：秦叔寶、尉遲恭、太監、宮女等原主題注入新意。

　　1980年代淡出寺廟彩繪界後遊歷五十多國，從異國文化中尋求原創性題材。1994年獲教育部民族藝術民間彩繪類薪傳獎肯定，為傳承傳統彩繪技藝，1995年起曾任教於國立彰化師範大學、高雄大學、雲林科技大學及臺灣藝術大學。2002年列入美國傳記協會（ABI）名人錄。

彩繪藝師：潘春源、潘麗水、潘岳雄

臺南民間彩繪兩大家族為潘姓與陳姓，潘姓家族第一代為潘春源、第二代潘麗水、第三代潘岳雄。陳姓家族第一代為陳玉峰、第二代有蔡草如、陳壽彝。兩大家族畫風各具特色且薪傳有成，為臺灣寺廟彩繪留下佳作與典範。

潘春源（1891~1972）

本名潘聯科，字進盈，號春源，人稱「科師」。6歲失怙，11歲才就讀臺南第二公學校水仙宮分校，具繪畫天分，18歲在臺南三官廟旁成立「春源畫室」，大正九年（1920）中國泉州業餘水墨畫家呂璧松客寓臺南，兩人亦師亦友。

大正十三年（1924）初次到中國，在汕頭美術學校旁聽，昭和元年（1926）再度赴中，遊覽各地名勝同時研究美術，昭和三年（1928）引薦中國剪黏匠師何金龍來臺，為臺南竹溪寺、學甲金龍殿作剪黏，同年以「寫生」風格膠彩畫「牧場所見」入選第二屆臺灣美術展覽會，至昭和六年（1931）連續入選4年。昭和五年（1930）與臺南黃靜山、嘉義林玉山等人組「春萌畫會」，在臺南、嘉義等地開展。

自知從事寺廟彩繪的辛苦，原不贊成下一代繼續畫師工作，但在長子潘麗水和次子潘瀛洲堅持下，傾囊相授。昭和七年（1932）長子潘麗水正式出師承擔家計重任後，退居指導角色，如今只剩臺南五帝廟可見他所繪「三綱五常」壁畫。1964年任臺南市國畫研究會（後更名「國風畫會」）顧問，並以「八仙圖」一作參展，隔年以「獻壽圖」參展，1966年「舉杯邀明月」為最後參展作品，1972年病逝。傳子潘麗水、潘瀛洲。

潘麗水（1914～1995）

潘春源的長子，昭和元年（1926）臺南公學校畢業後，隨父親習人物肖像畫與花鳥水墨，尤以人物畫得其真傳。昭和六年（1931）以膠彩畫「畫具」一作，與父親同時入選第五屆「臺展」，地方傳為美談。昭和七年（1932）正式接替

父親的工作，昭和十二年（1937）日府強化皇民化運動，寺廟彩繪需求銳減，潘麗水轉行幫戲院畫廣告看板，直到1960年左右。

　　1962至74年間，多次參與高雄代天宮的彩繪裝飾工程，作品包括1962年由他親自泥塑彩繪的「八十八佛顯像」和後殿隔間牆的大幅「山水彩繪」，1969年由他設計，葉進益創作的泥塑剪黏「蟠桃赴會」和「三教大會萬仙陣」，1974年重繪的六扇門神，堪稱經典。

潘麗水作品。

他的兒子潘岳雄透露，潘麗水1962年曾為高雄代天宮重繪門神，但當時以較樸素的畫風呈現，後來為高雄三鳳宮畫門神時，運用很多安金技法，因此1974年再為高雄代天宮重繪門神時沿用安金技法，其中，中門一對尉遲恭和秦叔寶最經典，他所繪門神，衣冠、線條、用色都有其獨到之處，尤其講究眼神，不僅靈活有神，觀者無論站在什麼位置，都能和門神威嚴又不失慈藹的目光交會，長及腰部的鬍鬚，更是絲絲分明且蓬鬆，微風吹來，彷彿會迎風飄動。

二戰後，1949年國民政府百萬軍民播遷來臺，北派建築彩繪深深衝擊臺灣傳統南式彩繪風格，但潘麗水直到1977年承做南鯤鯓代天府彩繪工程時，專程到日月潭的武廟觀摩，此時才在作品中融入北式畫風。彩繪作品見於臺南府城城隍廟、臺南白河大仙寺、臺南大天后宮、臺南馬公廟、臺南西華堂、南鯤鯓代天府、學甲慈濟宮、高雄三鳳宮、臺北大龍峒保安宮等。1993年獲教育部民族藝師薪傳獎，兩年後病逝。傳子潘岳雄。

潘岳雄（1943～）

由於祖、父輩都從事彩繪工作，耳濡目染下，國中便開始隨父親學習並參與工程中，新豐高中畢業、服完兵役後，1969至1975年在臺南美軍福利社擔任美工設計，1976年才正式投入寺廟彩繪，但已能獨立作業，同年，臺南市法華寺的門神，就是在父親指導下獨立完成的處女作。

潘岳雄強調，門神的構圖要符合黃金比例，通常畫七

彩繪藝師潘岳雄。

頭身，另外，線條要清晰簡潔，臉型要有「古代臉」且表情慈祥和藹，眼神要「眼觀四方」，訣竅是眼神「焦點」要看著作畫的人，鬍鬚要線條分明、蓬鬆且不能遮蔽衣服。

　　作品主要分佈在南部，包括臺南市的風神廟、三官廟、五帝廟、玉皇宮（成功路）、天壇、上土地公廟、下土地公廟、開隆宮、三山國王廟、神興宮（民生路）、鹿耳門天后宮等，外縣市包括高雄市鹽埕區鎮安宮、屏東媽祖廟等。

　　1984年為高雄代天宮施作十幾幅彩繪，包括三川排樓面兩側　簷樑的「八卦爐中逃大聖」和「取仙草」，左邊步通的「井邊會」，右邊步通的「鹿乳奉親」，還有壽樑上的「歷山隱歸」、「商山四皓」、「玉川品茶」、「唐明皇遊月殿」、「淵明採菊」、「成湯聘伊尹」等。1986年承做旗山天后宮牌樓。2003年獲第10屆全球中華文化藝術薪傳獎。

潘岳雄作品。

　　剪黏又稱「剪花」，材料的運用隨時代變遷大致可分為清朝時期採用陶瓷碗片，日治時期以日本碗、白瓷器較多，二戰結束初期至1980年代中期彩色玻璃成為市場主流，1980年代中期出現翻模量產的淋搪模製材料，1990年以降隨臺灣本土意識高漲，為因應古蹟寺廟、歷史建築修復所需出現專用的瓷碗。

葉鬃（1903～1971）

　　人稱「鬃師」，是臺灣本土剪黏開山大師洪華的弟子，洪華為臺南安平人，技藝學自潮州師傅，剪黏及交趾陶技藝嫻熟且擅長繪畫，與來自中國廣東的何金龍藝術輩分相當。

　　葉鬃的哥哥葉海東原是洪華的徒弟，但是剪黏學不成，離開後改學土木，葉鬃小時候很喜歡畫畫，看完布袋戲回來就可在牆上畫出線條細緻、表情生動的戲偶，哥哥承做土木工程需要彩繪匠師，就由16歲的葉鬃負責，葉鬃所畫彩繪被洪華看到，覺得他頗具天分便請他去幫忙，當時洪華沒有授徒，葉鬃就拜他為師，二戰後洪華又收洪順發為徒。

　　葉鬃生前曾形容洪華工作時相當「頂真」，應該說「非常龜毛」，這種自求甚嚴的個性，可以想見其授徒之嚴格。葉鬃隨洪華習得一手絕活，但昭和十二年（1937）日人在臺強化皇民化運動，寺廟整修銳減，育有3男5女的葉鬃，一家食指浩繁，只好改作水泥工兼作風水浮雕。昭和十九年（1944）日人主持的臺南赤崁樓修護工程，由他和洪華承做剪黏工程。

　　1945年之後帶著兩個兒子一起承做剪黏工程，一生承做過的寺廟超過百間，如今在高雄旗後天后宮（1948）、鳳山龍山寺（1958）、高雄代天宮（1956~62）仍可看到他的作品。傳子葉進益、葉進祿。

葉進益（1926～1987）

　　葉鬃的長子，人稱「益師」，昭和十九年（1944）正式隨父親學剪黏，一生承做過的寺廟超過百間，包括高雄旗後

天后宮（1948、1969年修復）、鳳山龍山寺（1958）、高雄代天宮（1956-62），其中高雄代天宮正殿的對看堵，潘麗水設計、由他施作的泥塑剪黏「蟠桃赴會」和「三教大會萬仙陣」為其代表作。沒有傳人。

葉進祿（1931～）

葉鬃的次子，人稱「祿師」，昭和十九年（1944）正式隨父親學剪黏。作品屬寫實派，小型壁堵人偶泥塑剪黏無論表情神韻、動作姿態、比例拿捏等功力皆首屈一指，葉進祿強調，為了讓人物更傳神，他會去書局蒐集資料，參考畫家所繪作品，然後思考如何將平面的繪畫運用剪黏技法，創作出半立體或立體的作品。

由於作工精細具藝術格調，同時擅長廟壁彩繪，且從設計圖到完工一手包辦，即使工程費比別人高，各地寺廟仍爭相邀請。

葉進祿作品。

剪黏藝師葉進祿（左）、葉明吉（右）。

　　1961年隨父親承做臺南市喜樹萬皇宮剪黏與廟內泥塑剪黏工程時，與當地匠師「對場作」，父子倆獲勝，不僅獲頒金牌，葉鬃還紅綢彩帶加身，坐上宮方準備的三輪禮車踩街遊行，在28臺三輪車護送下返抵家門，衣錦還鄉。

　　一生承做的寺廟約三百間，並參與多座古蹟修復，包括國定古蹟臺南赤崁樓、臺南孔廟、臺南北極殿等，作品見於臺南安平天后宮、臺南保安宮、學甲中洲惠濟宮、西羅殿步口水車堵、新店明聖宮等。承作高雄古蹟修復與寺廟修建工程包括高雄旗後天后宮、鳳山龍山寺、高雄代天宮、高雄三鳳宮、鹽埕區聖帝廟、鼓山區保安宮、前鎮區鎮南宮等。

　　1997年獲銀髮技藝薪傳獎、1999年獲省政府頒終生成就獎、2007年獲第14屆全球中華文化藝術薪傳獎，是全國唯一榮獲剪黏藝術薪傳獎的藝師。曾擔任文建會、文化大學、臺南師範學院、臺南市立藝術中心、國立文化資產保存研究中心剪黏教學講師。2004年與三子葉明吉合作歷史建築草屯敷榮堂剪黏工程後正式宣布退休。傳子葉明吉。

葉明吉（1963～）

　　崑山高中畢業後，葉明吉原無意接手家族事業，1995年才在父親勸說下接手薪傳。營造業出身的他，以結構學理論將當時業界凌亂的剪黏專業術語、歷史沿革與發展做統合整理後寫成文章，作為訓練導覽解說員教材。

　　參與修復的古蹟包括臺南市的赤崁樓、祀典武廟、五妃廟、北極殿、南鯤鯓代天府、總趕宮，以及新北市新莊慈佑宮等。歷史建築有草屯鎮敷榮堂、臺南公會堂、臺北迪化街古厝等。

1998年和父親成立「泰良美術工藝社」，聯手創作專供藝術收藏的剪黏藝品，近幾年陸續在全國各地舉辦展覽，2003年受邀到澳洲布里斯本、2004年受邀到日本仙台市展出，成功的讓剪黏從寺廟屋脊站上國際舞台。

2009年承做臺南古蹟「總趕宮」剪黏修復工程，獲業界與學術界一致肯定，2011年參與修復高雄市定古蹟旗山天后宮。

葉明吉作品「朝天龍」。 （葉明吉提供）

【參考書目】○———————————————

◎鄭坤五著《鯤島逸史》上、下冊，高雄縣：高雄縣文化中心，1996。

（本書昭和十九年（1944）3月31日由臺北市南方雜誌社發行，惟終戰後絕版，高雄縣文化中心
徵得鄭坤五家族同意，1996年再版。）

◎仇德哉著《臺灣之寺廟與神明》共四冊，臺中：臺灣省文獻委員會，1983。

◎李乾朗撰《鳳山龍山寺調查研究與修護計畫》，高雄縣：高雄縣政府，1986。

◎全國寺廟整編委員會編輯部《高雄代天宮宮誌》，臺北：全國寺廟整編委員會，1989。

◎林曙光著《打狗搜神記》，高雄：春暉，1994。

◎黃松林等編《輔天五穀宮甲戊年太平福醮紀念誌》，高雄縣：輔天五穀宮甲戊年太平福醮委員
會，1996。

◎美濃鎮誌編纂委員會《美濃鎮誌》上、下冊，高雄縣：美濃鎮公所，1997。

◎曾玉昆著《媽祖與旗後天后宮三百年滄桑》，高雄：高雄市旗後天后宮，2000。

◎張二文著〈美濃土地伯公信仰之研究〉，臺南：國立臺南師範學院鄉土文化研究所碩士論文，
2002。

◎張二文著〈美濃南隆農場的開發與族群的融合（1908~1945）〉，桃園：國立中央大學客家研
究中心客家文化學術發表會，2002。

◎李乾朗著《臺灣古建築圖解事典》，臺北：遠流，2003。

◎財團法人成大研究發展基金會《高雄縣定古蹟旗山天后宮調查研究與修護計畫》，高雄縣：高
雄縣政府，2003。

◎樹德科技大學建築與古蹟維護系研究《高雄縣定古蹟瀰濃庄里社真官伯公、龍肚庄里社真官伯
公、九芎林里社貞官伯公與縣定級古蹟東門樓之庄頭伯公調查研究與修復計畫》，高雄縣：高
雄縣政府，2004。

◎楊玉姿、張守真著《哈瑪星的文化故事》，高雄：高雄市文化局，2004。

◎李奕興著《臺灣的龍山寺》，臺北縣：遠足，2006。

◎張二文著《高雄縣客家鸞堂的起源——月眉樂善堂與其鸞書之研究》，高雄縣：高雄縣政府，
2009。

◎李允斐等編《高雄縣歷史建築美濃廣善堂調查研究及修復計畫》，高雄縣：高雄縣政府文化
局，2009。

◎鍾心怡建築師事務所研究《高雄市市定古蹟旗後天后宮調查研究與修復計畫》，高雄：高雄市
政府文化局，2009。

◎樹德科技大學研究《高雄市市定古蹟楠梓天后宮調查研究與修復計畫》，高雄：高雄市政府文
化局，2009。

◎鄭敏聰著《國定古蹟鳳山龍山寺裝飾之美》，高雄縣：高雄縣政府文化局，2009。

◎陳彥仲編《國定古蹟鳳山龍山寺修復工程介紹》，高雄縣：高雄縣政府文化局，2009。

◎王壽來等著《傳統壁畫與建築彩繪保存修復科學調查研究：以高雄市代天宮壁畫與彩繪為
例》，臺中：文建會文化資產總管理處籌備處，2010。

◎曾茂源編《高縣文獻【旗山逸史】》，高雄縣：高雄縣政府文化局，2010。

◎郭麗娟著《臺灣廟會工藝與戲劇【圖解版】》，臺中：晨星，2011。

【致謝單位】

鳳山龍山寺管理委員會

旗後天后宮管理委員會

楠梓天后宮代天府管理委員會

旗山天后宮管理委員會

廣善堂管理委員會

輔天五穀宮管理委員會

高雄代天宮管理委員會

文學臺灣雜誌社

月光山雜誌社

美濃愛鄉協進會

高雄縣導覽協會

旗美社區大學

陳子敬先生

張二文先生

黃文博先生

劉金昌先生

李錦治女士

曾心怡女士

國家圖書館出版品預行編目資料

高雄找廟趣─尋訪年輕城市的信仰足跡／郭麗娟著. -- 初版.
    -- 高雄市：高市文化局；台中市：晨星出版：2012.06
面；　公分. --（台灣民俗館；003）

ISBN 978-986-03-1623-0(平裝)

1.名勝古蹟 2.寺廟 3.建築藝術 4.高雄市

733.9/133.61   101001068

台灣民俗館 003

高雄找廟趣─尋訪年輕城市的信仰足跡

作　　者　郭麗娟
攝　　影　鄭恒隆
插　　畫　徐世昇

⋯⋯⋯⋯⋯⋯⋯⋯⋯⋯⋯⋯⋯⋯⋯⋯⋯⋯⋯⋯⋯⋯⋯⋯⋯⋯⋯⋯⋯⋯⋯

發 行 人　史 哲
企劃督導　劉秀梅 郭添貴 潘政儀 林尚瑛
審查委員　李文環 吳旭峰 陳坤崙 戴文鋒
行政企劃　曾曉寧
出　　版　高雄市政府文化局
地　　址　高雄市802苓雅區五福一路67號
電　　話　07-2225136
傳　　真　07-2231738
網　　址　http://www.khcc.gov.tw

⋯⋯⋯⋯⋯⋯⋯⋯⋯⋯⋯⋯⋯⋯⋯⋯⋯⋯⋯⋯⋯⋯⋯⋯⋯⋯⋯⋯⋯⋯⋯

總 策 劃　郭麗娟
責任主編　徐惠雅
美編設計　銳點視覺設計
承　　製　晨星出版有限公司
地　　址　台中市407工業區30路1號
電　　話　04-23595820
傳　　真　04-23597123
網　　址　http://www.morningstar.com.tw
　　　　　行政院新聞局局版台業字第2500號
　　　　　法律顧問：甘龍強律師

⋯⋯⋯⋯⋯⋯⋯⋯⋯⋯⋯⋯⋯⋯⋯⋯⋯⋯⋯⋯⋯⋯⋯⋯⋯⋯⋯⋯⋯⋯⋯

總 經 銷　知己圖書股份有限公司
郵政劃撥　15060393
〈台北公司〉台北市106羅斯福路二段95號4F之3
　　　　　TEL:02-23672044　FAX:02-23635741
〈台中公司〉台中市407工業區30路1號
　　　　　TEL:04-23595819　FAX:04-23597123

⋯⋯⋯⋯⋯⋯⋯⋯⋯⋯⋯⋯⋯⋯⋯⋯⋯⋯⋯⋯⋯⋯⋯⋯⋯⋯⋯⋯⋯⋯⋯

共同出版　高雄市政府文化局 Bureau of Cultural Affairs Kaohsiung City Government　晨星出版

初　　版　西元2012年6月
定　　價　350元
I S B N：978-986-03-1623-0(平裝)
GPN：1010100848
Published by Morning Star Publishing Inc.
Printed in Taiwan